LA FAIM DE L'HISTOIRE

JUL. AÏTOR ALFONSO

LA FAIM DE L'HISTOIRE

UNE HISTOIRE DU MONDE PAR LA GASTRONOMIE

VOLUME 1

Couleurs de Claire Martz

DARGAUD

PARIS BARCELONE BRUXELLES HONG KONG LAUSANNE LONDRES MONTREAL NEW YORK SHANGHAI

MANGER À LASCAUX AVEC CRO-MAGNON

LA GUERRE DU POT-AU-FEU

(20 000 av. J.-C.)

Vers 20 000 avant notre ère, les **Homo sapiens**, *très proches de nous sur le plan anatomique, développent une alimentation variée constituée de céréales, de fruits, de fleurs et de graines, et pas seulement d'énormes gigots de mammouth grillé, contrairement aux idées reçues. Loin de cette figure du vagabond viandard errant dans un monde désolé, nos ancêtres développent des techniques de préparation qui en font des flexitariens avant l'heure.*

J.-H. Rosny aîné écrit que lorsque les hommes perdirent le feu, « les guerriers se nourrirent de chair crue. Ce fut un repas chagrin ; ils aimaient le parfum des viandes rôties ». Comme si pour Cro-Magnon, hors du barbecue, il n'y avait point de salut… L'auteur de *La Guerre du feu* (1909) a contribué à façonner l'imaginaire sur nos aïeux de la préhistoire, vus comme d'avides carnivores égarés dans la nuit des temps. Mais depuis l'origine, les humains sont des omnivores, comme le démontre la forme de nos dents : nous possédons des incisives et des canines pour déchirer la viande, mais aussi des molaires pour écraser les végétaux. L'observation au microscope de l'usure de l'émail dentaire le confirme : les stries sont verticales chez les carnivores et horizontales chez les herbivores alors que chez les hommes anciens, elles sont obliques, preuve d'une combinaison des deux mouvements de mastication.

Les êtres humains de cet âge de la pierre taillée sont des chasseurs-cueilleurs seminomades. Longtemps, on a cru que les animaux représentés sur les parois de la grotte de Lascaux constituaient un tableau de chasse des préhistoires, la figuration d'un garde-manger idéal. On a imaginé que ces peintures pariétales servaient de support à un cérémonial magique d'invocation mené par des chamans en transe, premiers explorateurs des paradis artificiels. Mais on sait aujourd'hui que la faune peinte sur les murs était très différente de celle effectivement consommée par les chasseurs du coin : chevaux, félins, cerfs, biches, bouquetins, ours ou rhinocéros sont représentés dans ce bestiaire des âges farouches alors que les êtres humains de cette région n'en mangent pas – ce que les artistes préhistoriques représentent, ce n'est pas ce qui les environne, mais sans doute des mythes et légendes qu'ils se racontent. Le mammouth lui-même est en fait rarement chassé dans le monde préhistorique – désolé, Rahan. Certains groupes ont tué le bison, l'aurochs ou le cheval durant le paléolithique supérieur, mais à Lascaux, vers - 20 000, on mange surtout de la viande de renne.

En fin connaisseur de son environnement, *Homo sapiens* chasse facilement le cervidé, qui abonde dans ces contrées. Il est consommé de la tête à la queue, sa chair maigre étant sans doute rôtie comme le suggèrent les vestiges d'os longs aux extrémités carbonisées retrouvés sur bon nombre de sites. Les traces de feu – indispensable pour cuire les aliments et transformer les fibres dures du collagène de la viande en gélatine tendre et facile à mastiquer – organisées en foyers datent de près de 400 000 ans. D'autres parties plus adipeuses sont sans doute cuites à l'eau, chauffées au moyen de galets brûlants. Pour lui donner davantage de goût, Cro-Magnon ajoute des os à moelle broyés à cette soupe grasse et invente ainsi l'une des premières recettes au monde : le pot-au-feu.

Le gourmet des cavernes choisit les meilleurs morceaux. Des fouilles archéologiques ont montré qu'il préfère les animaux plus jeunes, plus tendres, et qu'il se régale des cuisses, des épaules et des têtes où la cervelle et la langue doivent être des pièces de choix, comme tous les abats en général, que ce soient l'estomac, la panse, les poumons ou la rate. Le lait des femelles allaitantes est peut-être prélevé des mamelles, comme le font encore les chasseurs du Grand Nord. Anti-gaspi par nécessité, Cro-Magnon ne jette rien de la bête abattue : les dents servent à fabriquer des colliers, les os plats sont gravés, les peaux permettent de se couvrir et les bois sont utilisés pour produire des pointes ou des harpons… Le renne est roi dans la boucherie primitive. Avec le réchauffement climatique du mésolithique, ces grands herbivores migrateurs des steppes vont se déplacer vers le nord à la recherche des lichens, laissant le champ libre, à Lascaux, aux herbivores forestiers comme le cerf, le sanglier ou le chevreuil.

Homo sapiens est aussi gourmand de poisson. Les cours d'eau de l'époque sont riches en saumons et en truites chassés comme du gibier, une nourriture riche en protéines et en vitamines que les êtres humains savent déjà fumer et donc conserver. Les fruits de mer sont couramment ramassés le long des côtes et des rivières : les plus vieux restes fossiles de coquillages consommés par nos ancêtres datent d'environ 140 000 ans. Selon certains chercheurs, c'est même la consommation de poissons et de mollusques qui aurait permis à *Homo sapiens* de devenir plus malin que les autres : ces aliments pouvant contenir jusqu'à 100 fois plus d'acides gras que la viande d'animaux terrestres, ils auraient été indispensables à un développement aussi rapide et puissant de notre cerveau.

Il nous reste peu de traces de consommation d'oiseaux, d'œufs ou d'insectes. En revanche, nous en avons davantage sur l'ingestion des végétaux, car s'il est chasseur et pêcheur, *Homo sapiens* est aussi un grand cueilleur. Pour se faire une idée de la variété du menu préhistorique, il faut aller voir les plus vieux rogatons du monde : l'étude de restes alimentaires carbonisés montre que le fait d'agrémenter son repas est une habitude humaine qui remonte à au moins 70 000 ans. L'analyse des dents des crânes fossiles confirme que le régime des néandertaliens et des *Homo sapiens* était déjà complexe, impliquant plusieurs étapes de préparation et d'assaisonnement des mets : dans l'actuel Kurdistan irakien, le pois chiche, la vesce et le pois sauvage étaient trempés dans l'eau puis pilés et bouillis. Un brouet nourrissant que l'on relevait de moutarde sauvage ou de térébinthe, pistachier sauvage qui produit une résine très aromatique.

L'amande amère est aussi appréciée, ainsi que les fruits sauvages, les tubercules, les racines, les noix, les noisettes, les pignons de pin, les dattes, les bulbes de nénuphar ou de jonc, la mousse, les écorces ou les champignons, qui sont omniprésents dans les restes végétaux du sud-ouest de l'Asie et de l'Europe tout au long du paléolithique supérieur (il y a 40 000 à 10 000 ans). Les peuples de chasseurs-cueilleurs connaissaient sans doute les boissons fermentées, lointaines cousines du vin et de la bière. Nos ancêtres avaient le palais habitué aux saveurs piquantes et aigres.

Les archéologues ne remarquent jamais de cancers sur les os de Cro-Magnon. Certains nutritionnistes contemporains en ont déduit que ce régime alimentaire vieux de 20 000 ans était un modèle avec lequel l'être humain du IIIe millénaire devrait renouer. C'est le fameux « régime paléo » : faible en acides gras saturés, son principe consiste à réduire la charcuterie, la crémerie, les sucres rapides et le sel, à privilégier le poisson, les viandes maigres, les racines et les noix et à réduire le vin à la portion congrue. Les partisans de cette diète considèrent que le métabolisme humain, encore aujourd'hui, n'aurait pas eu le temps de s'adapter à la plupart des aliments issus de l'apparition de l'agriculture et de l'élevage. Ce régime en vogue au XXIe siècle est cependant jugé naïf et anhistorique par ses détracteurs, qui rappellent que si *Homo sapiens* ne connaissait pas les maladies contemporaines, son espérance de vie moyenne n'était que de 30 ans… Notre environnement et nos modes de vie actuels sont si éloignés de ceux de nos primitifs aïeux, marcheurs obstinés, qu'il est impossible d'appliquer leurs mœurs alimentaires prétendues à nos vies sédentaires modernes. D'ailleurs, le petit déjeuner « paléo » est souvent composé de produits inconnus ou rarissimes pour les chasseurs-collecteurs : à l'époque, les oranges n'existent pas, les bananes sont inmangeables tant elles sont petites et pleines de graines, les carottes et les pommes de terre sont dures et bourrées de toxines ; même l'ancêtre de la laitue, aux feuilles dures et épineuses, contient du latex toxique. Deux aliments phares du « régime paléo » ont été modifiés par les êtres humains modernes, des millénaires après le paléolithique, pour les rendre consommables : les amandes, dont le noyau contenait du cyanure, et les abricots, qui n'avaient que très peu de chair en 20000 av. J.-C.

Le paléolithique ayant duré presque 3 millions d'années, il a existé une grande variété de régimes alimentaires déterminés par l'aire géographique, le climat, l'altitude, la distance par rapport à la mer ou la disponibilité des ressources ; il n'y a pas de régime paléolithique unique. Durant le mésolithique puis le néolithique, le réchauffement de la planète, la sédentarisation et l'apparition de l'agriculture et de l'élevage ont bouleversé les habitudes alimentaires humaines. Ayant, depuis que nous peuplons la Terre, été chasseurs-pêcheurs-cueilleurs 99 % du temps, ces inventions datées d'à peine 10 000 ans et qui vont conduire à l'essor démographique d'*Homo sapiens* sont donc toutes récentes à l'échelle de l'évolution : de quoi écrire le premier chapitre du guide « Lascaux et Millau » ?

MANGER EN ÉGYPTE AVEC LES PHARAONS

MORDRE SUR LE NIL

(3000-30 av. J.-C.)

Dans l'Égypte antique, être mort n'est pas une raison suffisante pour s'arrêter de manger. Les tombeaux des élites regorgent de vivres déposés par les serviteurs pour que leurs puissants défunts puissent se nourrir dans l'au-delà, et les murs des mausolées sont ornés de nombreuses fresques représentant des scènes culinaires. Manger est un acte de purification et le menu des pharaons est aussi long que le cours du Nil…

Si on ne possède pas de recettes de l'époque, les offrandes mortuaires, les modèles funéraires en bois et les fresques des tombeaux témoignent du régime alimentaire varié des anciens Égyptiens. Sur le mur nord de la chapelle funéraire de Rêmkoui, bâtie il y a 4 400 ans, on voit distinctement deux femmes écraser du grain sur des meules, deux autres tamiser la farine et deux hommes pétrir la pâte puis la mettre au four pour fabriquer du pain. Sur la même stèle, un brasseur accroupi prépare des pots pour mettre la bière à fermenter : c'est que le pain et la bière sont deux aliments frères et constituent la base nourricière de toutes les classes sociales à l'époque des pharaons. Véritable denrée identitaire, la bière (appelée *zythum*) n'est pas la boisson désaltérante que nous consommons aujourd'hui, mais un aliment liquide très nutritif, dense, peu alcoolisé et de couleur brune fait à base d'orge, d'amidonnier (un type de blé ancien) et d'herbes que chacun brasse chez soi. À Louxor, dans la tombe de l'architecte royal Khâ et son épouse Merit, on a retrouvé des amphores vieilles de 3 500 ans contenant de la farine d'orge, et l'on sait que les ouvriers recevaient une partie de leur salaire en pain. La légende raconte que c'est le dieu Osiris qui offrit la bière aux êtres humains. L'historien grec Hérodote, lorsqu'il visite l'Égypte à la fin de sa vie (ve siècle av. J.-C.), évoque ce « vin de céréales ». En 2019, des microbiologistes ont réussi à recréer une « bière des pharaons » à partir de souches de levures millénaires retrouvées dans des jarres antiques. Quant au vin de raisin, présent en Égypte depuis longtemps, il est une boisson de luxe destinée aux jours de fête et aux privilégiés : on a retrouvé dans la tombe du roi Scorpion Ier (3200 av. J.-C.) la bagatelle de 4 500 litres de vin aromatisé à la figue répartis dans 700 vases !

Sur les murs du tombeau de Rekhmirê, à Louxor, on voit des hommes récolter du miel et des boulangers préparer des gâteaux coniques et triangulaires à base de souchets, les tubercules sucrés produits par un roseau cousin du papyrus qui pousse abondamment dans les marécages proches du Nil. Les illustrations accompagnées de hiéroglyphes donnent des instructions précises sur la préparation de ces pâtisseries : « choisir les bons fruits », « les pilonner », « y verser de l'eau », « les faire frire »… Ces scènes ne sont pas destinées aux vivants mais aux morts : grâce à ce garde-manger mortuaire et à ces tutoriels culinaires, on pense que le défunt pourra assouvir éternellement sa faim. Pourtant, si ces fresques nous renseignent sur les pratiques alimentaires de l'époque, elles ne sont pas un compte rendu exact de la vie quotidienne des Égyptiens ; ainsi, les lentilles sont abondamment consommées mais peu représentées. Le régime alimentaire du peuple, essentiellement végétal, est composé de beaucoup d'oignons verts, d'ail, de pois chiches, de sésame, de fèves et de légumes du potager (chou, concombre, laitue, poireau et radis), de cumin, de fenugrec, de papyrus (dont le cœur bouilli est

une denrée des pauvres) et de graines de lotus grillées. Les fruits sont une victuaille précieuse réservée à la table des puissants, qui consomment la grenade, la pastèque, le melon, la caroube, les figues rouges du sycomore, les jujubes et les dattes, qu'on utilise pour aromatiser la bière. Les agrumes n'arriveront en Égypte qu'avec les Romains, mais on déguste les fruits oblongs d'un arbre mythique aujourd'hui disparu sur les rives du Nil : le perséa, appartenant à la même famille que l'avocatier. Autre fruit de légende, la mandragore fait l'objet d'un culte érotique. Représentée notamment sur la tombe de Toutankhamon (mort vers 1327 av. J.-C.), elle est aussi citée dans un poème lyrique antique :

« L'amour que j'ai pour toi imprègne mon corps,
comme le sel se dissout dans l'eau,
comme le parfum imprègne le fruit de la mandragore. »

L'odeur forte et le goût âpre du fruit le rendent immangeable pour un palais contemporain. Mais les Égyptiens le consomment-ils vraiment eux-mêmes ou le destinent-ils à des offrandes amoureuses ? Son effet narcotique sert peut-être d'élixir d'amour ; en tout cas, il est une métaphore raffinée pour évoquer le surgissement du désir.

Hérodote note dans son *Enquête* que les Égyptiens sont « après les Libyens, les mieux portants de tous les mortels » car « ils mangent des poissons, les uns séchés au soleil et crus, les autres salés dans des séchoirs au sortir de la mer ». Faute de forêts et de pâturages, les poissons pêchés dans le Nil ou en mer sont une source de protéines animales de choix : tilapias et mulets sont souvent représentés sur les fresques ; les perches sont des poissons délicats réservés aux riches tandis que le peuple se contente de silures ou de poissons-chats au goût fangeux. On fabrique de la poutargue, ces œufs de poisson séchés, et les huîtres du Nil sont appréciées dès 3000 avant notre ère. Hérodote ajoute que les Égyptiens du Ve siècle av. J.-C. « mangent les oiseaux, des cailles et des canards » le plus souvent séchés ou rôtis. Les zones marécageuses fournissent du fourrage pour l'élevage des bovins : on a retrouvé dans la tombe du chancelier royal Méketrê (2000 av. J.-C.) des modèles en bois extraordinairement précis représentant une boucherie où le bétail est abattu et la viande découpée ; les beaux morceaux sont le privilège des puissants et souvent utilisés pour les offrandes funéraires. Cette viande est consommée grillée ou mise à confire dans des amphores pleines de graisse animale épicée. Sur les rives du fleuve, on chasse les oiseaux migrateurs et dans le désert, on abat à l'arc ou à la lance l'antilope et des espèces proches comme l'oryx ou le bubale. Des fresques sur des tombes vieilles de 4 500 ans retrouvées à Saqqarah montrent la pratique du gavage des oies à l'aide de boulettes de pain humidifié permettant d'obtenir des animaux bien dodus… et de consommer du foie gras !

Selon les croyances de l'Égypte pharaonique, l'homme est un être originellement parfait qui doit, par son alimentation, lutter contre son inexorable dégradation causée par le temps qui passe. Manger est un acte de purification qui implique de restaurer son énergie vitale, mais il faut le faire sans abus, en restant maître des pulsions de son ventre, considéré comme le siège des excès par opposition au cœur, vu comme le siège de la mesure. À l'échelle collective, il appartient au pharaon de maintenir le bon ordre de Maât, déesse de l'harmonie cosmique et de l'équilibre du monde ; pour ce faire, le roi doit nourrir son peuple et prendre soin de la terre. Le pouvoir distribue les ressources de manière pointilleuse. En cas d'abondance, le surplus de nourriture est stocké pour prévenir les pénuries futures ; en cas de mauvaises récoltes, les prêtres interviennent pour regagner les bonnes grâces des dieux. Or le souvenir douloureux de famines ayant entraîné des guerres civiles a marqué l'imaginaire collectif égyptien et a même servi de thème à un genre littéraire pessimiste : dans ses lamentations, le scribe Ipou-Our (1700 av. J.-C. environ) pleure l'âge d'or perdu qui est celui de l'abondance alimentaire : « Souviens-toi des volailles grasses, des oies et des canards. […] Cela est bon quand le filet est tendu et les oiseaux soudain pris. […] Cela est bon quand les hommes sont ivres et quand ils boivent le cœur joyeux. »

En Égypte antique, on ne plaisante pas avec la bière. Une célébrissime pharaonne grecque voit sa popularité chuter lorsqu'elle impose une taxe sur la boisson préférée de ses sujets : Cléopâtre VII, dernière reine d'Égypte (Ier siècle av. J.-C.), nourrit les fantasmes et les stéréotypes. L'auteur latin Pline contribue grandement à cette légende en narrant un épisode de repas fantaisiste. Afin d'impressionner Marc Antoine, son futur conjoint, elle aurait donné un dîner somptueux pour montrer toute l'étendue de sa richesse : elle aurait avalé une énorme perle hors de prix dissoute dans du vinaigre.

Une image de faste excessif et de légèreté coupable alimentée par la propagande de Rome, volontiers misogyne, qui biaise encore aujourd'hui nos représentations de ce véritable génie politique. Si le dîner de Cléopâtre eût été plus court, la face du monde en aurait-elle été changée ?

MANGER AVEC JÉSUS ET LES APÔTRES

BÊTES DE CÈNE

(Ier siècle de notre ère)

La Cène de Jésus et de ses douze apôtres est sans doute le repas le plus célèbre de tous les temps. Au Ier siècle, la venue du Christ va chambouler les habitudes alimentaires de cette province de l'Empire romain et, bientôt, d'une bonne partie du monde. Rejetant les interdits de la tradition hébraïque, le messie annonce que Dieu est omniscient, omniprésent, omnipotent… et omnivore.

« Ce n'est pas ce qui entre dans la bouche qui rend l'homme impur ; mais ce qui sort de la bouche, voilà ce qui rend l'homme impur. » Cette réponse faite par Jésus aux pharisiens fait l'effet d'une bombe dans les pratiques alimentaires en vigueur jusque-là en Judée. Fini les tabous des juifs, mangez ce que vous voulez car il n'y a pas d'animal immonde dans la création de Dieu, professe-t-il. Balayant d'une sentence toute la tradition de la cacherout, le code alimentaire prescrit aux enfants d'Israël dans la Bible hébraïque, le prédicateur nazaréen laisse entendre que ce qui met en péril le salut de l'âme, ce sont les paroles malveillantes, mensongères ou sournoises et pas la chair du porc, du chameau, du lièvre, du hibou, de l'aigle, de la mouette, du pélican, du cormoran, des coquillages, des crustacés, de la raie ou de l'anguille, tous ces animaux interdits à la consommation par l'Éternel dans l'Ancien Testament.

Contrairement au judaïsme, le christianisme flambant neuf veut être une religion pour tous. Alors quoi de mieux pour attirer dans son giron les païens égarés que d'annoncer un grand buffet à volonté au royaume de Dieu ? Là où les juifs affirment leur différence par leur « convenance de la cuisine et des aliments », le prosélytisme de l'estomac est un moyen pour l'Église de promouvoir son ambition universaliste. Le christianisme dit : venez comme vous êtes – et apportez à manger.

Pourtant, ce n'est pas facile pour un juif de l'époque de surmonter sa répugnance à consommer des aliments qui ne sont pas casher, même quand il est convaincu par la parole de Jésus. Certains de ses plus fervents disciples rechignent à prêcher aux incirconcis et à se nourrir de tout. Pour finir de les convaincre de la rupture radicale avec la loi ancienne, il faut que le Saint-Esprit en personne organise un pique-nique miraculeux :

« […] Pierre monta sur le toit, vers la sixième heure, pour prier. Puis, ayant faim, il désirait manger. Pendant qu'on lui préparait son repas, il tomba en extase : il vit le ciel ouvert, et quelque chose en descendre, comme une grande nappe, attachée par les quatre coins et s'abaissant vers la terre ; à l'intérieur se trouvaient tous les quadrupèdes et les reptiles de la Terre, et les oiseaux du ciel. Et une voix lui dit : "Lève-toi, Pierre, tue et mange." Pierre répondit : "Oh ! non, Seigneur, car je n'ai jamais rien mangé de profane ni d'impur." Et une voix lui parla de nouveau : "Ce que Dieu a déclaré pur, ne l'appelle pas profane." Cela se fit par trois fois, et aussitôt après la nappe fut retirée du ciel. » (Actes des apôtres, 10:16)

Tous les animaux sont bons à manger ; Dieu est devenu omnivore. Subsiste pendant quelques siècles le vieux commandement interdisant de consommer du sang. Le concile de 692 en fait encore une cause d'excommunication, mais ce tabou se délite rapidement en Occident et les chrétiens peuvent enfin manger du boudin l'esprit tranquille.

Mais alors, si tous les interdits de bouche ont disparu, comment expliquer le carême ? Il est intéressant de noter que Jésus ne demande nulle part dans les Évangiles qu'on se prive de viande chaque année pendant 40 jours. Il semble que le jeûne a été pratiqué avant d'être codifié, sans doute bien après la venue du Christ. De la même manière, et à rebours de ce que préconise le Nouveau Testament, certains exégètes chrétiens des siècles suivants affirment que les premiers disciples de Jésus auraient été des ascètes végétariens : saint Pierre se nourrissait exclusivement de pain, d'olives et d'herbes; saint Matthieu se sustentait de graines, de fruits secs et de légumes, et saint Jacques ne touchait ni aux boissons fermentées ni à la viande.

Cette élite zélée des premiers évangélisateurs s'imposait une vie très sévère dans le but de dompter la chair et les passions; la privation de viande en était le pendant alimentaire. D'ailleurs, le refus de telle ou telle denrée prend un tout autre sens chez les chrétiens : si, chez les juifs, c'est l'impureté (et donc le dégoût) qui régit l'abstinence, chez les chrétiens elle est conçue comme la privation douloureuse de quelque chose de désirable, de délicieux : la mortification doit être un plaisir réprimé.

Si, à l'origine, le régime de carême consistait à manger végétalien et à se priver de vin, il s'est mué en régime pesco-végétarien : saint Jérôme, qui professe une ligne ascétique dure, tolère néanmoins que les jeûneurs se nourrissent de petits poissons; cette tolérance a fait de cet aliment la « viande de carême » par excellence, pourvu que l'esprit de la pénitence ne soit pas dévoyé par l'ingestion de poissons riches condimentés de sauces grasses, voire par de la chair de castor ou de canard sous prétexte que ces animaux vivent aussi dans l'eau ! Sacrilège !

Si certains fidèles pèchent par gourmandise, d'autres poussent l'austérité jusqu'à l'hérésie. Pour la secte chrétienne hétérodoxe des montanistes, fondée par le prophète Montanus en Phrygie au IIe siècle, le végétalisme de rigueur pendant le carême n'est pas suffisamment restrictif : ses membres préconisent la xérophagie, soit la consommation exclusive de nourritures végétales sèches et sans assaisonnement (également appelée diète sèche). À la fin de sa vie, le grand théologien chrétien Tertullien rejoint ce mouvement qui vit de pain et d'eau et rédige un traité sur le jeûne où il reproche à l'Église de ne pas être assez frugale et de « se laisser aller aux convoitises du ventre ».

L'alternance de jours gras et de jours maigres rythme le calendrier liturgique : au total, les jours frugaux représentent plus d'un tiers de l'année pendant l'ère chrétienne. L'historien Massimo Montanari y voit « l'un des moyens les plus efficaces et les plus concrets par lequel la norme chrétienne influa sur les habitudes sociales, en instaurant dans la culture européenne des modèles alimentaires homogènes, des modes de vie partagés ». L'éthique est une diététique.

Et que mangeait Jésus lui-même pendant son ultime repas, pris avec ses douze apôtres, la veille de sa crucifixion ? Quel était le menu de la dernière Cène ? Si les Évangiles ne précisent pas ce qu'il y avait sur la table, il y est dit que ce repas correspond au *séder* de la Pâque juive (Pessah), un rituel dont le menu est rigoureusement fixé dans la tradition judaïque. L'Éternel ordonne que soit rôti au feu – et non pas bouilli – un agneau entier avec la tête, les jarrets et les entrailles ; il dit qu'il y aura aussi du pain azyme (sans levain, la *matsa*). Dans ce repas censé commémorer l'amertume du temps de l'esclavage en Égypte ainsi que l'exode dramatique des Hébreux, deux autres mets ont une forte dimension symbolique : le *harosset* et le *maror*.

Le harosset est une sauce épaisse et sucrée, mélange de noix, figues, grenades, dattes, pommes et vin rouge, dont la couleur rougeâtre symbolise les briques d'argile que devaient fabriquer les esclaves juifs en Égypte. Le *maror* est littéralement « une herbe amère » en hébreux ; son identification exacte a provoqué bien des controverses rabbiniques : il désigne tantôt la laitue sauvage, tantôt la chicorée sauvage, le cerfeuil sauvage, le liseron des haies, la grande bardane, le laiteron maraîcher et parfois même le raifort, cette racine si répandue dans la plus récente cuisine ashkénaze. Les soirs de *séder*, après avoir mangé la *matsa*, les célébrants doivent manger le *maror* au goût âcre trempé dans le *harosset* au goût sucré : ce mélange aurait la saveur douce-amère de l'existence.

De l'agneau, des herbes, une sauce au mortier, du pain et du vin : en somme, les éléments du régime alimentaire commun de l'est du bassin méditerranéen pendant l'Empire romain. Au cours de ce repas, Jésus rompt le pain et verse le vin, qui prennent alors une dimension liturgique capitale grâce à cette formule magique : « Prenez, mangez, ceci est mon corps. Buvez-en tous, car ceci est mon sang. » En surinvestissant ces deux aliments de base du monde occidental antique, le christianisme infléchit profondément les us alimentaires ; c'est aussi un sacré coup de maître communicationnel : désormais, le Christ lui-même, sous les espèces du pain et du vin, est à portée de tous.

Au-delà de ce qui a été servi à la table de Jésus ce jour de l'an 33, la Cène est un symbole de communion dans l'eucharistie. Ce thème a d'ailleurs donné lieu aux variations les plus amusantes au fil des siècles : dans son célèbre tableau (1498), Léonard de Vinci dresse des corbeilles de fruits, des poissons entiers et une anguille grillée garnie de tranches d'orange, une recette appréciée de son temps ; dans la Cène bavaroise du XIe siècle de l'abbaye Saint-Pierre de Salzbourg apparaît un bretzel ; et dans la cathédrale de Cuzco, au Pérou, le peintre Marcos Zapata (1753) fait manger aux apôtres du cochon d'Inde, la viande de cuy si prisée dans la culture inca. Mais après tout, le Christ lui-même n'a-t-il pas dit qu'un chrétien pouvait manger de tout ?

MANGER À POMPÉI AVEC LES ROMAINS

AH, QU'ELLES SONT JOLIES LES FIGUES DE POMPÉI...

(79 ap. J.-C.)

Les marmites sont encore fumantes lorsque l'éruption du Vésuve commence ce jour d'octobre 79 après J.-C., à 13 heures. Des élites préparant leur banquet jusqu'aux plébéiens accoudés aux comptoirs des bouges, tout Pompéi mange lorsque le volcan éructe : ce dernier repas nous est arrivé presque intact, figé par les nuées ardentes.

À Pompéi, au croisement de la rue des Noces d'argent et de la rue des Balcons, se tient un *thermopolium* très fréquenté. Du grec *thermos* (« chaud ») et *pôléô* (« vendre ») ces fast-foods de l'époque vendent des plats cuisinés, des boissons chaudes et des vins à vil prix. Ce sont les individus des classes les plus basses de la société romaine qui mangent sur le pouce à toute heure dans ces tavernes bruyantes et enfumées, debout ou assis sur un pauvre banc. Elles sont légion à l'époque : on compte quelque 80 *thermopolia* dans une ville de 12000 habitants comme celle du golfe de l'actuelle Naples.

Sur le bar en forme de L est peinte une néréide, nymphe marine chevauchant un hippocampe. Cette taverne a fini d'être exhumée en 2021, et l'on a découvert sur les autres faces de son magnifique comptoir des fresques polychromes d'une grande précision représentant un coq, des canards ou des amphores de vin, qui devaient avoir pour but d'ouvrir l'appétit du chaland, comme la photo du döner et des frites sur la devanture d'un kebab. Piégés par l'éruption, les patrons de ce snack antique n'ont pas eu le temps de fermer leur échoppe ni de passer le balai. Des analyses ont permis de décrire leur ultime frichti : au fond des grands pots en terre cuite encastrés dans le bar où étaient présentés les mets ont été retrouvés des restes de canard, de porc, de chèvre, de poisson et d'escargots. Divers ingrédients étaient mijotés ensemble, formant un ragoût ; dans des jarres, on a identifié des fèves pilées. On a une idée des tarifs pratiqués grâce à une inscription conservée sur le mur d'un autre *thermopolium* de Pompéi : un as pour un verre de vin de base, deux pour un vin de meilleure qualité, quatre pour du falerne, un cru très réputé de l'époque. Les vins des Romains étaient mélangés à de nombreuses épices et à du miel, loin de nos vins de soif modernes.

Ces bistrots antiques pâtissent d'une réputation exécrable. Au IIe siècle av. J.-C., le dramaturge latin Plaute décrit des bouges mal famés, peuplés par une faune interlope d'étrangers, de vagabonds et de marginaux. Un personnage de sa pièce *Curculio* peste contre « ces Grecs en manteau », « ces esclaves ivrognes » et, insulte culinaire suprême, ces « mangeurs de polenta » : cette bouillie, qui n'était pas encore faite à base de maïs – il faudra pour cela attendre quelques siècles – mais d'orge, incarnait le plat typique du petit peuple romain, de même que sa version à l'épeautre, nommée la *puls*, un porridge d'origine carthaginoise des plus roboratifs.

Les clients des *thermopolia* s'y soûlent, se querellent et font des esclandres, raison pour laquelle les empereurs réglementent ces débits de boissons : Caligula décrète leur fermeture pendant le deuil de sa sœur, et fait exécuter un tenancier qui s'était permis de vendre de l'eau chaude malgré son ordonnance ; Claude, qui voulait corriger les mœurs romaines,

y fait interdire la vente de plats cuisinés. N'en déplaise aux législateurs, de telles mesures ont sans doute été peu appliquées tant les thermopolia fleurissent pendant tout l'Empire. La taverne à la néréide de Pompéi était encore fréquentée au moment de l'explosion du Vésuve : on y a retrouvé le corps d'un homme d'une cinquantaine d'années allongé dans son lit, qui était sans doute le propriétaire de l'estaminet. On y a aussi retrouvé un second corps, au pied du comptoir, qui pourrait bien être celui d'un voleur affamé surpris par les nuées ardentes la main dans le sac : sa dépouille tient encore le couvercle du pot qu'il venait d'ouvrir à la faveur de la catastrophe pour y chiper de quoi manger.

Les Romains de la bonne société, en revanche, ont un rythme alimentaire beaucoup plus régulier. Dans la journée, ils se contentent de petites collations froides : au réveil, le *jentaculum* (le petit déjeuner) est composé de pain frotté d'ail et d'eau claire ; vers midi, le *prandium* (le déjeuner) est égayé de fromage, d'olives ou de fruits. Ce n'est que pour la *cena* du soir (le dîner) que les Romains les plus privilégiés prennent un repas chaud à table, dans leur villa. Ce dîner débute vers 16 heures et peut durer jusqu'à la tombée de la nuit. Les invités s'installent dans le *triclinium*, la salle à manger ornée de mosaïques et de peintures, où des lits sont savamment disposés car prendre son repas allongé est une marque de raffinement. Si l'alimentation des classes populaires tourne autour de la bouillie, du chou ou du navet, les repas des classes aisées s'apparentent parfois à des festins très codifiés : contrevenir à ce cérémonial peut vous attirer l'opprobre de la haute société.

La littérature a contribué à nourrir le fantasme sur ces orgies aux mets fantastiques. Le *Satyricon*, récit du Ier siècle attribué à Pétrone, narre avec force détails un banquet chez un riche bourgeois nommé Trimalcion. Prototype du parvenu, cet esclave affranchi devenu propriétaire fortuné exhibe un luxe tapageur dans un banquet tout en faux-semblants ; la seule lecture du menu peut provoquer une crise de diabète. À l'apéritif (la *gustatio*), servis avec du *mulsum* (un vin miellé), sont proposés des olives présentées dans un sac à deux poches chargé sur un petit âne en bronze de Corinthe, des loirs rôtis confits au miel et saupoudrés de graines de pavot, des saucisses chaudes posées sur un gril d'argent sur lequel les braises sont simulées par des prunes et des pépins de grenade, une poule de bois couvant de faux œufs en pâte farcis de fauvette grillée, de jaune d'œuf bien poivré et de garum, ce condiment aux viscères de poisson si prisé des Romains. Puis arrive le service sur plateaux (la *fercula*) chargés de tétines de truie, d'un lièvre ailé représentant Pégase, de poulardes, de pain chaud présenté dans un *clibanus* d'argent (sorte de tajine), de poissons nageant dans une sauce au garum et au poivre s'écoulant d'une petite fontaine formée par quatre satyres portant des outres. S'ensuit un sanglier rôti et coiffé d'un bonnet d'esclave affranchi ; à ses défenses pendent deux corbeilles, l'une portant des dattes et tout autour sont pelotonnés des marcassins faits en pâte... Quand soudain, un laquais ouvre le ventre du sanglier, s'en échappe une volée de grives aussitôt attrapées par des oiseleurs.
Sur un autre plateau est couché un porc énorme assaisonné de poivre et de cumin ; Trimalcion accuse le cuisinier d'avoir oublié de le vider, et quand ce dernier (nommé Gaius) lui ouvre le ventre, on le découvre plein de saucisses et de boudins, sous les vivats des convives présents. Puis apparaît un veau entier bouilli, coiffé d'un casque

et découpé par un esclave déguisé en Ajax. On sert ensuite un Priape en pâtisserie posé sur un plateau de gâteaux portant une corbeille de raisins et de fruits de toutes espèces qui, quand on les touche, éclaboussent les convives d'eau safranée; puis une poularde grasse désossée escortée d'œufs d'oies.
Au dessert (la *secunda mensa*) sont servies des grives de pâte farcies de raisins secs et de noix et des coings lardés d'épines figurant des hérissons. Enfin, à l'après-repas (l'*epidipnis*) on apporte une oie grasse entourée de poissons et d'oiseaux faits en viande de porc hachée. Huîtres et pétoncles s'échappent des cruches cassées par deux esclaves feignant de se quereller. Et pour finir, des escargots servis sur un gril d'argent... Bien que la vision du banquet de Trimalcion soit largement fantasmée, la satire montre avec justesse à quel point le banquet est conçu comme un véritable spectacle donné dans le but de s'élever socialement.

Dans la réalité, les banquets romains n'étaient que très rarement des orgies licencieuses. L'image du Romain se faisant vomir avec une plume entre deux plats pour pouvoir continuer à se goinfrer est un lieu commun souvent utilisé dans la littérature pour dénigrer les mœurs d'un adversaire. En fait, la tempérance et les bonnes manières sont fondamentales dans toute maison respectable : Sénèque s'indigne de la corruption généralisée des esprits provoquée par les plaisirs de la table et de ceux qui « vomissent pour manger, mangent pour vomir »; Pline ou Plutarque regrettent que la gourmandise des élites dégrade les valeurs de la société romaine. Tous se réclament de la saine frugalité des ancêtres, ces paysans romains austères et agrestes des premiers temps de la République romaine.

Une récente exposition parisienne a donné à voir les reliefs carbonisés du dernier repas à Pompéi, dont cette miche de pain, certes un peu trop cuite mais en excellent état de conservation trouvée dans une boulangerie de la ville : un rond de pâte divisé en huit parts, portant encore les marques du linge dans lequel le pâton était en train de lever. Sans parler de cette jolie corbeille de figues qui semblent encore intactes 2000 ans plus tard. Encore plus récemment, les archéologues y ont découvert une peinture d'une grande netteté qui représente un lointain ancêtre de la pizza moderne : ils sont *food* ces Romains !

MANGER AVEC LES VIKINGS

NORD DE FAIM

(VIIIe-XIe siècles)

À bord de leurs redoutables drakkars, les Vikings ou Normands (littéralement « hommes du Nord ») venus de Scandinavie ravagent l'ouest de l'Europe. Ils y établissent des bases solides jusqu'à s'implanter durablement sur ces territoires et se mêler aux peuples locaux. Grands commerçants, ce sont aussi des mangeurs et des buveurs illustres. « Tais-toi, harpe sonore, je dois partir pour aller habiter désormais le vaste Valhalla, boire l'hydromel sacré avec les dieux, et manger du sanglier Sæhrímnir aux festins d'Odin. »

C'est en ces termes que Gunnar, noble chevalier légendaire, se prépare à mourir d'après l'*Edda*, cet ensemble de poèmes écrits en vieux norrois qui narrent la mythologie scandinave. Le Valhalla est la zone exclusive du pays des morts réservée aux plus valeureux guerriers ; Odin, dieu principal du panthéon nordique, y règne en maître… et en amphitryon. En attendant la bataille finale (le Ragnarök), le dieu fait boire et manger ses preux combattants : dans l'au-delà des Vikings se tient un banquet perpétuel !

Au menu, du porc – tous les jours. Ou plutôt des morceaux de Sæhrímnir, du nom du sanglier géant qui est tué, bouilli et consommé chaque nuit par les dieux et les guerriers. C'est le cuisinier Andhrímnir qui prépare le festin sacré dans un chaudron appelé Eldhrímnir mijotant sur un feu éternel. Chaque soir, le sanglier revient à la vie pour être à nouveau mangé le lendemain. Les guerriers boivent le lait de la chèvre Heidrun (en fait un hydromel) ; elle en produit tant qu'elle permet à tous les commensaux de boire tout leur saoul. Or d'après de savants calculs, l'immense Valhalla compterait 614 400 guerriers affamés : une belle tablée viking à nourrir… Odin est le seul à ne pas dîner et se contente de boire du vin : il donne sa ration de viande à ses loups Geri et Freki tandis qu'il est servi par les Valkyries, des guerrières à cheval qui guident les âmes de défunts. Les Vikings lui préfèrent le dieu Thor avec son gros marteau, son formidable appétit et sa soif inextinguible.

Le menu de l'au-delà donne quelques pistes sur celui de l'ici-bas. Les Normands sont des agriculteurs qui, par manque de terres agricoles et de pâturages disponibles dans leurs contrées froides, pratiquent aussi la chasse et la pêche. Dans le colloque d'Ælfric, texte rédigé par un abbé anglais de l'an 1000 environ, un pêcheur raconte son activité en détail. Il vend son poisson d'eau douce aux habitants des villes voisines : anguilles, brochets, vairons, turbots, truites et lamproies font leur délice, conservés en salaison ou en fumaison.

Il lui arrive rarement de pêcher en mer car il faut beaucoup ramer dit-il ; il attrape alors des harengs, des saumons, des marsouins, des esturgeons, des crabes et des homards. Quand son interlocuteur lui demande s'il traque les baleines, il répond qu'il est très dangereux de pourchasser cet animal gigantesque qui peut vous tuer d'un seul coup. C'est sans doute parce qu'elles sont si difficiles à obtenir que les viandes de baleine et de phoque sont des mets très prisés à l'époque ; l'huile que l'on tire de leur graisse est utilisée pour les lampes ou comme ersatz de beurre.

Partis du Danemark, de Suède et de Norvège, ces commerçants n'hésitent pas à aller loin de chez eux pour exercer leur activité; ils peuvent aussi pratiquer le pillage et la guerre si l'occasion se présente. On a retrouvé de grandes quantités de coquilles de noix sur le site d'Hedeby, dans le sud du Danemark, un en-cas très apprécié mais qui était importé, au même titre que les figues, la coriandre, le cumin ou les pêches, ces dernières servant à aromatiser le vin. Pendant leurs longs voyages sur les mers, les Scandinaves consomment de la dulse, une algue rouge riche en vitamine C ramassée et séchée. Ils sont d'ailleurs si bons navigateurs que l'on sait aujourd'hui que leur Vinland, cette terre d'abondance où ils pêchent le saumon et cueillent de lourdes grappes de raisin, une contrée située bien au-delà du Groenland, est en fait l'Amérique (plus exactement l'île de Terre-Neuve, dans l'actuel Canada), foulée par les Vikings 500 ans avant Christophe Colomb.

Dans le texte anglo-saxon cité plus haut, un chasseur raconte attraper des cerfs, sangliers, chevreuils, biches et lièvres dont les chairs étaient souvent bouillies – ou rôties pour les grandes occasions. Une activité cynégétique qui complète l'élevage de cochons pour la viande, et de vaches, moutons et chèvres pour leur force de travail et leur lait. C'est sans doute mus par la recherche de bonnes terres que les Normands se sont établis en Islande, aux îles Féroé ou au Groenland. Les produits laitiers tirés des animaux d'élevage connaissent des déclinaisons nombreuses suivant un processus de fermentation : le *misa*, un petit-lait; le *syra*, un lait aigre légèrement alcoolisé; et le *skyr*, un lait caillé proche du yaourt (qui est encore l'aliment national islandais de nos jours) et qui peut être aromatisé avec des baies, des fruits ou des céréales. Bref, l'ancêtre du muesli. Cette alimentation populaire est regardée avec dédain par les élites. En plus du skyr, les deux repas quotidiens sont souvent constitués d'un ragoût servi avec du pain et pris dans des bols en bois avec des cuillères du même matériau. Les pains sont peu levés et fins, souvent faits à base de farine de seigle, à l'image des pains noirs présents sur les tables germaniques modernes.

Les jours de mariage et de funérailles, ou pour sceller un gros contrat commercial ou foncier, les Scandinaves organisent des festins rituels qui sont restés dans l'imaginaire collectif : c'est le fameux *sumbl*, la soûlerie viking. Jadis nommé *drekka min* (« boire à la mémoire de »), c'est un rituel codifié avec précision : une bière est spécialement brassée pour l'occasion et servie dans une corne richement ouvragée. D'après certaines sagas norroises, la boisson doit être du *mungát*, une bière fortement alcoolisée. La saga de Glúmr le Meurtrier décrit trois façons de boire : *sveitardrykkja*, où chaque membre de l'assemblée doit prendre une seule gorgée à tour de rôle dans la même corne ; *tvímenningr*, où l'on consomme par deux, en couple homme-femme, et chacun doit boire la moitié de la corne ; et enfin *einmenningr*, qui consiste à vider seul la corne en entier. Ces libations rituelles sont accompagnées de paroles saintes, de toasts vibrants et de pactes d'honneur. Bien entendu, il est hors de question de ne pas finir ivre.

Dans leurs potagers, les Normands cultivent l'avoine, les pois, les haricots, les oignons, les céleris, les choux-raves, la sauge et peut-être le pavot à opium, ces deux derniers étant probablement cultivés à des fins médicinales ou rituelles. L'autre céréale civilisationnelle des Scandinaves, en plus du seigle, c'est l'orge. Étonnant, quand on sait que cette graminée pas très panifiable est pauvre en protéines. Sauf qu'après avoir subi une opération de maltage, l'orge germé et cuit devient le malt qui permet de produire de la bière.

Si aujourd'hui les termes *beer* et *ale* sont synonymes en anglais, au départ, les deux mots désignaient des boissons différentes : *ale* est une boisson composée de céréales maltées, *björr* est une sorte de vin de fruits qui pouvait être à base de canneberge, de pomme et ou poire, agrémenté de miel ou de sève d'arbre sucrée : une version ancienne du cidre et du poiré normands contemporains ? La bière telle que nous la connaissons de nos jours serait plutôt une *ale* à laquelle on a rajouté du houblon (cette liane grimpante qui donne des petits cônes parfumés), pas seulement pour en intensifier le goût mais aussi pour augmenter sa conservation et pouvoir l'exporter. Dans les sociétés nordiques à l'âge viking, les femmes jouent un rôle déterminant dans le service des boissons. Elles étaient chargées de la brasserie et de la viticulture à l'origine, avant que les hommes ne fassent sournoisement main basse sur ces activités de première importance.

Le vin aussi est très prisé des Vikings. Il coûte très cher et provient de France ou de Germanie pour être transformé en hydromel, la boisson des dieux et des élites. Son procédé de fabrication ne diffère pas de celui de la bière : le liquide de base (le vin pour l'hydromel, l'eau maltée pour la bière) est porté à ébullition puis exposé aux levures sauvages pour favoriser la fermentation alcoolique, la cuve ouverte étant laissée sous un arbre. Le tout est ensuite filtré et consommé au quotidien par toute la société nordique – la bière, bouillie pendant le brassage, était bien plus saine que l'eau fraîche au xe siècle ; d'ailleurs, avec la lie qui restait dans la cuve exposée aux levures de l'air, les Vikings faisaient le *barneol* : une bière très faiblement alcoolisée… pour les enfants !

MANGER AVEC LES MOINES BÉNÉDICTINS

SONNEZ LES TARTINES

(XIe-XIIe siècles)

Depuis la rédaction des règles du monachisme par saint Benoît au VIe siècle, les ordres religieux ont relâché leur discipline. C'est sans compter sur le moine Robert de Molesme, qui décide de revenir à la pauvreté des origines en fondant en 1098 l'abbaye de Cîteaux, en Bourgogne. Nouveau chef de l'ordre, Bernard de Clairvaux condamne le régime alimentaire des moines de l'abbaye de Cluny, vautrés dans la gourmandise et les omelettes.

Comme les huit prières quotidiennes (de matines à complies) et le travail acharné, le régime alimentaire des moines et des moniales est régi strictement dans la règle de saint Benoît. Un seul repas par jour est prévu (à quinze heures) et un autre est autorisé quand les jours rallongent. Deux mets cuits constituent ce repas, souvent des fèves et des légumes adaptés au vœu de pauvreté de l'ordre ; en sus, chacun a droit à un kilo de pain (la base de l'alimentation) et à un fruit cru s'il y en a. La viande provenant de quadrupèdes est proscrite en théorie, sauf pour les personnes malades ou très affaiblies. Au même titre que le vêtement ou le lieu de vie, le régime alimentaire constitue un élément distinctif des religieux par rapport aux autres groupes de l'ordre social féodal. La viande est perçue comme un symbole de richesse, de pouvoir, de violence et de luxure dont les moines doivent se priver.

Au monastère, chacun doit manger à sa faim « pourvu qu'on évite tout excès et que jamais un moine ne soit surpris par l'indigestion » car « rien, en effet, n'est aussi contraire à tout chrétien que l'excès de table », précise saint Benoît. Concernant la boisson, seule une « hémine » de vin est tolérée, soit environ un quart de litre. Là aussi, il s'agit de boire avec sobriété. Pourtant, l'idéal de frugalité est loin d'être toujours respecté dans les abbayes des XIe et XIIe siècles. D'abord parce que les abbés et les prieurs, souvent issus de la noblesse, ont des valeurs alimentaires plus proches des raffinements aristocratiques que des modestes denrées paysannes. Ensuite parce que ces centres religieux sont souvent devenus riches et influents du fait des donations de grands seigneurs fortunés qui financent les pitances. Ces rations exceptionnelles qui améliorent l'ordinaire des moines sont constituées de poissons, d'œufs, de fromages, de tourtes ou de vin autorisés pour célébrer des événements de la vie de la communauté.

Ces pitances, qui devaient être une exception, sont devenues un droit chez les clunisiens relâchés. C'est ce privilège qui va faire réagir les premiers sévères cisterciens : la controverse alimentaire entre Cluny et Cîteaux est servie. La gourmandise affichée par les clunisiens scandalise Bernard de Clairvaux, jeune moine sévère et charismatique qui prétend appliquer la règle de saint Benoît dans sa rectitude, notamment en matière culinaire. Dans son *Apologie* de 1125, il dénonce les mets trop raffinés et appétissants préparés par les cuisiniers de Cluny ainsi que la bonne franquette qui préside au repas où « on ne s'entretient ni des Saintes Écritures, ni de ce qui regarde le salut de l'âme ». Loin du recueillement et de la ferveur, le repas n'est plus que « plaisanteries, rires et paroles en l'air, que discours frivoles dont on repaît l'oreille à mesure que la bouche se remplit d'aliments ; tout entiers à ces entretiens, nous oublions toute mesure dans le boire et le manger »... Certes, on s'abstient de viande comme le veut la règle, mais les poissons de substitution acceptables pour les moines sont préparés avec faste : brochets, lamproies ou anguilles sont assaisonnés d'épices délicates qui faussent le goût des modestes produits de la nature offerts par Dieu, de sorte que tout est réuni pour réveiller « l'aiguillon de la gourmandise ». Mais c'est la préparation des œufs à Cluny qui fait bondir Bernard :

« Qui pourrait dire, par exemple, de combien de manières, on accommode, pour ne pas dire on incommode les œufs, entre autres choses, avec quel art on sait, là, les battre et les mêler ; là, les réduire en eau ; là, les faire durcir ou les hacher en menus morceaux, les servir frits, rôtis, farcis, séparés ou mêlés à d'autres choses ! Or pourquoi tout cela, sinon pour prévenir le dégoût ? »

Des plats aussi beaux que bons car les cuisiniers clunisiens s'ingénient à « parer les choses au-dehors, de telle sorte que l'œil ne soit pas moins flatté que le palais devrait l'être »… et le moine de risquer l'indigestion. Tout cela agrémenté de force vin ; Bernard remarque que les moines ont tendance à oublier qu'il ne faut en boire qu'un peu… Certes, le vin est censé guérir l'estomac malade, mais Bernard ne se laisse pas berner par ces moines qui « se font porter pâles » et feignent d'être mal portants pour pouvoir manger de la viande et boire de l'hydromel à chaque repas. Difficile de se passer de ce nectar pour ces vignerons passionnés que sont les cisterciens, eux qui sont à l'origine des grands vignobles de Bourgogne, dont ceux de Meursault.

À table, ça file droit avec Bernard de Clairvaux. Dans son abbaye de Cîteaux, l'humilité et l'ascèse du corps sont de retour au réfectoire : on se nourrit habituellement d'herbes cuites, sans huile ni graisse. L'usage du poivre et du cumin, épices très appréciées alors, est interdit ; comme le pain blanc de froment est réservé aux malades et aux étrangers, les premiers moines de Cîteaux se contentent de pain d'orge, d'avoine, de mil et de vesces (sorte de fève). Les bonnes manières sont aussi de mise : il est interdit d'essuyer ses mains sur la nappe, et ceux qui veulent prendre du sel doivent le faire avec la pointe de leur couteau ; quand on boit, il faut tenir sa tasse à deux mains. Le prieur préside le repas et sonne la cloche pour annoncer le début du repas tandis que l'on récite un

Miserere et un *Benedicite*, après quoi on se met à table. Bernard de Clairvaux lui-même donne l'exemple : quand il daigne se faire servir du vin, il en prend si peu qu'on a l'impression que le niveau de la cruche n'a pas bougé. Ordinairement, il n'en boit pas du tout et préfère le lait, le bouillon de légumes ou l'eau pure. Même la visite du pape Innocent II en 1132 ne le fait pas dévier de sa ligne ascétique : dans le banquet que les moines de Cîteaux offrent au souverain pontife, les turbots sont remplacés par des légumes, et le pape se voit servir une soupe de maigre (un poisson peu gras qui porte bien son nom). À défaut de vin, il doit se contenter de bière et d'eau. Comble de la pauvreté, les chroniques racontent que les moines de Cîteaux mangeaient parfois des feuilles de hêtre... Et Bernard de conclure que « des légumes, des fèves, des pois et du pain noir répugnent à l'oisif mais paraissent bien délicats à celui qui se démène ». Malgré sa raideur, la norme de Clairvaux est un immense succès, et l'ordre cistercien comptera jusqu'à 1 800 monastères au XVIe siècle.

Les religieuses aussi suivaient des règles strictes. L'une d'elles, une moniale bénédictine allemande du XIIe siècle, est l'une des abbesses les plus brillantes de son temps : Hildegarde de Bingen. Poétesse, musicienne, mystique et visionnaire, elle a aussi observé les vertus salutaires de nombreux aliments : l'épeautre, le fenouil, la châtaigne, la noix, l'ail, l'oignon, le vinaigre de vin ou l'huile de chanvre constituent son épicerie idéale. Mais elle fait également usage d'épices exotiques comme le galanga ou le pyrèthre d'Afrique (sorte de fleur qui ressemble à une petite marguerite). Suivant la théorie des humeurs selon laquelle les maux du corps sont causés par des déséquilibres du chaud, du froid, de l'humide et du sec, elle propose des préparations pour soigner la colique avec un breuvage à base de gingembre, de cannelle, de sauge, de fenouil, de lentilles d'eau, de tormentille (une plante herbacée à fleurs jaunes) écrasés dans un mortier et mélangés à du vin miellé. Pour guérir l'épilepsie, elle décrit un curieux gâteau à base de sang de taupe, de bec de canard femelle, de palmes d'oie, de foie d'oiseau, de farine de seigle et de cumin; celui qui souffre de cette maladie mangera de ces gâteaux pendant cinq jours. Et pour venir à bout d'un fou rire, elle préconise de la noix de muscade et du sucre à mettre dans du vin chaud. Breuvage parfait à boire en lisant l'album que vous tenez entre les mains.

MANGER DANS LE DÉSERT AVEC LES TOUAREGS

ENTRÉE-PLAT-DÉSERT

(XIVe siècle)

Loin d'être un espace vide, le désert du Sahara est parcouru par des routes commerciales reliées en réseaux de villes et jalonnées d'oasis. Ce vaste marché ambulant a connu son apogée au* XIVe *siècle. Pour les peuples de caravaniers touaregs, nomades musulmans berbérophones drapés d'un chèche bleu teint à l'indigo, boire et manger est une épreuve ancestrale. Dans cette histoire, les dattes sont importantes.

« Ne sois pas piment, ils te détesteront, ne sois pas sucre, ils te mangeront », préconise un dicton touareg. C'est que les gens du désert aiment autant le sucre qu'ils se méfient du piment comme du poivre, qui donnent soif et n'apportent pas de sels minéraux. Un enjeu de taille dans ces territoires arides où, au XIVe siècle, la course au sel bat son plein. Dans les zones subsahariennes, les températures élevées provoquent une transpiration abondante et les pertes en sels minéraux sont importantes. Le sel, qui a la vertu de retenir l'eau dans le corps, est donc une denrée rare et précieuse.

Ibn Battuta, célèbre explorateur marocain médiéval, en donne la mesure dans ses écrits. Parti de Fès, il traverse le Sahara en 1352-1353 et décrit la ville de Teghazza et sa grande saline prospère aux confins de l'Algérie et du Mali actuels : « C'est une bourgade sans rien de bon, dont la seule curiosité est que les maisons et la mosquée sont bâties en blocs de sel, avec des toits en peau de chameau. Il n'y a pas d'arbres, ce n'est que du sable avec une mine de sel. On creuse le sable et on y trouve d'énormes dalles de sel superposées comme si on les avait taillées et enterrées. Un chameau en porte deux. Les seuls habitants sont les esclaves des Massoufa [tribu nomade du désert], mineurs de sel. Ils se nourrissent des dattes apportées de Sijilmassa [ville du Maroc], de viande sèche de chameau et de petit mil venant du Soudan. Les Noirs viennent de leur pays chercher le sel [et] emploient le sel comme monnaie, comme nous l'or et l'argent. Ils le coupent en morceaux et s'en servent pour le commerce. » Volontiers râleur et ironique, Ibn Battuta est aussi un gourmet curieux qui consacre une large place à des observations culinaires – comme à des confidences sur ses troubles digestifs. S'il se plaint du mauvais goût de l'eau et des mouches dans le désert, il note toutefois avec bonheur l'abondance des truffes des sables, de couleur blanche, dont le petit goût aillé à la réputation d'être aphrodisiaque !

Le modeste menu de mineurs de sel qu'il décrit en 1352 en dit long sur ces routes commerciales : elles dessinent déjà un grand marché saharo-sahélien. Ibn Battuta nous informe aussi que la denrée miraculeuse de la région, c'est la datte, petite ogive sucrée ultra-énergétique. Les noyaux des fruits crachés par les caravaniers à proximité des points d'eau seraient à l'origine des premières oasis apparues à la fin de l'Antiquité, ces enclaves luxuriantes qui servent d'aire de repos lors de la traversée. La datte, aubaine divine ? On peut le penser puisque dans le Coran, Allah modèle le palmier à partir de la même argile que celle avec laquelle il vient de créer Adam, conférant au dattier une place de choix dans la Création.

En ce XIVe siècle prospère, les caravanes du désert menées par les chefs de tribus touaregs sont composées de plusieurs dizaines de dromadaires. Ces rois bossus du désert, capables de charger une centaine de kilos sans boire ni manger pendant des jours, se déplacent à un rythme lent mais soutenu. Les Touaregs se lèvent au petit matin et font des pauses fréquentes pour faire les cinq prières par jour qu'exige le canon islamique ; ils en profitent aussi pour prendre de petites collations composées de cacahuètes ou de sésame grillé. Et pour s'hydrater, boivent-ils déjà, au Moyen Âge, ce thé vert très amer et très sucré qui est devenu un rituel depuis ? La petite feuille verte a-t-elle déjà, bien avant l'Europe, emprunté les routes de la soie pour entrer dans le monde saharien depuis la Chine ?

Chez les Touaregs, le repas consistant est pris le soir. Avec la domestication du mil vers le milieu du IIIe millénaire av. J.-C., le modèle alimentaire le plus courant au Sahara est composé de céréales relevées d'une sauce, de beurre ou de fromage et accompagnées de lait (aigre ou caillé) tiré des vaches, chèvres ou chamelles des bergers nomades. Qu'il soit gros (le sorgho) ou petit (le millet), le mil est la graminée de prédilection des peuples du Sahara, qui prend souvent la forme de « boules de mil », de petites sphères compactes vendues sur les marchés à délayer dans du lait au moment du repas.

Cette denrée de voyage nutritive et très adaptée au semi-nomadisme garnit aussi la gamelle des Peuls et des paysans songhaïs (peuple de la vallée du fleuve Niger) et haoussas (autour du lac Tchad). À la mode touareg, encore aujourd'hui, la boule de mil est accompagnée d'une sauce grasse et épaisse composée de dattes pilées, de fromage, de baies sauvages, d'épices et de lait caillé. Les jours de fête, il existe une version fastueuse à base de pâte de mil rehaussée de viande de chèvre ou de mouton pilée et de beurre fondu. Avec le mil (ou le blé), les Touaregs préparent aussi la *taguella*, épaisse galette de semoule de blé ou de mil sans levure, longuement pétrie et cuite à la cendre.

Traversons le désert avec les Touaregs et entrons à Tombouctou, la ville aux 333 saints. Au XIVe siècle, elle est la grande ville-carrefour des caravanes du Niger. Capitale cultu-

relle, commerciale et spirituelle du monde islamique, elle est aussi la capitale gastronomique des gourmets du désert. Les voyageurs arabes médiévaux visitant l'ancien royaume du Mali sont fascinés par la richesse alimentaire de la cité. Al-'Umari, historien mamelouk (1301-1349), mentionne la culture des courges, de l'ail, de l'oignon, la cueillette des fruits du baobab qui sont pleins d'une « substance ressemblant à la farine de froment d'une blancheur parfaite, d'un goût un peu acidulé et agréable ». Il évoque aussi la corète, une herbe aromatique très appréciée, le beurre de karité dont on blanchit les maisons, que l'on brûle dans les lampes, dont on fait du savon mais que l'on utilise aussi en cuisine, comme matière grasse, conservée dans des courges évidées appelées des calebasses.

Ibn Battuta est lui aussi intrigué par les denrées de Tombouctou. Il en décrit les habitants comme « fort riches, surtout les étrangers établis dans le pays ». Jamais loin de son ventre, Ibn Battuta dit aussi manger du couscous et préférer le sorgho au riz local qu'il trouve indigeste. Il goûte également diverses bouillies de céréales, sortes de porridges médiévaux maliens, dont un mets semi-liquide appelé *daknu* qu'il décrit comme une « eau contenant du sorgho concassé, mélangé avec un peu de miel ou de lait aigre ». Cette boisson dense souvent mentionnée dans les témoignages a dû faire forte impression aux étrangers car une fois séchée puis réhydratée, elle fait office de nourriture de voyage optimale. Tombouctou est le lieu de confluences sahélo-soudaniennes, sahariennes et maghrébines dont la cuisine raffinée est le signe éclatant, à l'image de cet empire du Mali prospère et puissant sous le règne du grand souverain Mansa Moussa au XIVe siècle. Ce roi de légende, qui tirait sa colossale fortune du commerce du sel et de l'or, est resté célèbre pour ses largesses lors de son pèlerinage à La Mecque en 1325 : on raconte qu'il aurait tellement distribué d'or sur son passage qu'il fit durablement chuter le cours du métal précieux au Caire !

Pourtant, tout n'est pas que victuailles fastueuses dans le désert. Les pénuries sont monnaie courante dans ces zones arides. La pauvreté des pâturages provoque de fréquentes disettes : les fruits du jujubier ou les noyaux des arbustes font alors office de nourriture de substitution ; on pille même les fourmilières pour voler les graines stockées par les insectes ! Il est difficile d'imaginer qu'il y a 10 000 ans, lorsque la région était encore bleue de lacs et de marais, les anciens habitants du Sahara se régalaient de tilapias, de silures, de carpes et d'autres poissons d'eau douce. Dans ce Moyen Âge saharien, les maigres ressources du désert sont exploitées avec une ingéniosité millénaire, car comme dit un proverbe touareg, « la différence entre un jardin et un désert, ce n'est pas l'eau, c'est l'homme ».

MANGER À ISTANBUL AVEC LES OTTOMANS

LA MÉLODIE DU DÖNER

(1494-1566)

L'Empire ottoman est un immense territoire qui s'étire d'Alger jusqu'à Bagdad et de Budapest jusqu'au Caire, sur lequel règne le grand sultan Soliman le Magnifique. C'est à Istanbul, sa bouillonnante capitale, que se fait la synthèse des cultures culinaires méditerranéenne, arabe et centre-asiatique – en attendant que le* döner kebab *conquière le monde au XXe siècle.

Dans le palais de Topkapi, à Istanbul, le corps des janissaires est organisé comme une cuisine. Ces soldats d'élite de l'Empire ottoman ont pour symbole la cuillère en bois, leurs officiers reçoivent le nom de *çorbaci* (responsables de la *çorba*, la soupe) et chaque régiment a son propre chaudron de bronze, le *kazan*, autour duquel sont pris en commun les repas du soir, en souvenir des origines nomades des Turcs d'Asie centrale. Lorsqu'ils sont mécontents, les janissaires renversent leur chaudron, car refuser la nourriture du sultan, souverain nourricier, est un signe de révolte. Pour tenter de les adoucir, le pouvoir leur sert des plateaux de *baklavas* au moment de la remise de leur paye trimestrielle : ces pâtisseries feuilletées, frites dans du beurre clarifié et baignées de miel, sont les favorites des résidents de la cour. Dépeint comme un remède universel par le Prophète dans le Coran, le miel a une excellente réputation dans la cuisine ottomane aux inspirations arabo-musulmanes. D'après les registres du palais, il y a une brigade de cuisine préposée à la confiserie qui produit du *halva* en quantité pour les fêtes – une sucrerie à base de crème de sésame adorée du peuple comme de la cour –, du *zerde* – sorte de pudding de riz – et un très sélect *kadayif* – douceur aux cheveux d'anges baignée de miel – servi exclusivement au sultan et à sa mère. Dans l'alimentation ottomane, les fruits sont omniprésents : dans les chaudrons du palais glougloutent des confitures de poire, de cerise, d'orange amère, d'amande verte, de melon, de pastèque ou d'aubergine. En attendant l'invention du loukoum, les confiseurs du sultan produisent des confiseries à l'amidon (le *sabuni*) et une pâte de fruits très prisée (le *rub*) à base de pomme, de myrte ou de jujube et aromatisée à la rose. Sommet de délicatesse courtisane, les fruits et les fleurs sont aussi préparés en *cherbet*, c'est-à-dire en sorbet, aromatisé au musc ou à l'ambre gris dans les cuisines du sultan, et à la texture sans doute plus proche d'une eau rafraîchie que d'une glace contemporaine. En ville, les boutiques des marchands de sorbet sont aussi courues que celles des bijoutiers, comme le rapporte un témoin de l'époque :

« Les marchands de sorbet sont cinq cents, qui possèdent trois cents boutiques. Ils ornent celles-ci à l'aide de milliers de coupes et de bols de porcelaine et de faïence, remplis de sorbets de rhubarbe, de fleurs de rose, de citron, de lotus, de tamarin et de raisin. Ils défilent en présentant ces sorbets aux spectateurs. La plus fameuse de toutes les fabriques de sorbet est celle du marchand bédouin, en face du monument de Tay-zade, près de la fontaine de Mahmud Pasha. En Arabie, en Perse et en Turquie, aucun marchand de sorbet ne peut se comparer à lui. Les gens se pressent dans sa boutique où il confectionne des sorbets pour les vizirs et les plus grands personnages de l'Empire… »

Ces sorbets sont fabriqués avec de la glace apportée depuis les montagnes de Bursa jusqu'aux puits à neige d'Istanbul où est conservé le précieux givre pendant les mois chauds. Les autres boissons consommées à la cour sont la limonade et la compote (une boisson fruitée). En ville, dans ces années-là, les Stambouliotes découvrent le café : c'est autour de 1555 que « le noir ennemi du sommeil et de l'amour », comme dit le poète, est introduit à Istanbul par deux marchands arabes : Hakem, originaire d'Alep, et Shems, natif de Damas, ouvrent chacun leur établissement. Tout ce qu'Istanbul compte de beaux esprits, de lettrés et d'hédonistes se rue chez eux pour boire le *kahve* (de l'arabe *qahwa*) et parler littérature, jouer aux échecs ou au trictrac. Cette foule d'oisifs est vite suivie par des magistrats, des juges, des professeurs et de hauts fonctionnaires de l'État. La boisson énergisante est vue d'un mauvais œil par les pouvoirs officiels : les imams et muezzins réprimandent les ouailles qui délaissent la mosquée pour aller au café. Les théologiens s'en mêlent et lancent des fatwas contre ce produit dont les grains sont carbonisés, disent-ils, or le Coran interdit de consommer des aliments entièrement brûlés. Le pouvoir politique se méfie aussi de cette infusion qui, contrairement au vin qui enivre et fait chanter, dynamise les buveurs et les rend alertes – un état de lucidité idéal pour comploter contre le gouvernement… En dépit de ces interdictions, le café devient une passion turque et un grand nombre d'établissements ouvrent dans le siècle. Finalement, une fatwa prononcée à Mokha, capitale mondiale du commerce du café, réconcilie l'islam avec le « petit noir » : le cheikh local assure que le grain de café est seulement torréfié et n'atteint pas la carbonisation complète, qu'il est donc un stimulant valable pour l'esprit du croyant et d'une couleur qui rappelle celle de la pierre noire de la Kaaba, relique sacrée des musulmans. Ce qui n'empêchera pas le cruel sultan puritain Mourad IV (1612-1640) de l'interdire et de faire noyer des milliers d'amateurs de café dans le Bosphore…

Malgré les apparences, l'alimentation ottomane est marquée par la frugalité. Le sultan mange seul et avec modération, assis au sol sur une nappe de cuir. Il n'est entouré que de ses odalisques et de ses pages, qui le servent; le souverain ne daigne manger en public qu'à l'issue du *divan*, le conseil des ministres. Ses repas sont brefs et composés de *mantis*, raviolis à la viande arrosés de yaourt à l'ail, de *muhallebi*, un blanc-manger à la farine de riz et au lait, ou de viande d'agneau aux navets et aux œufs, accompagnée d'herbes… Les quelque 6 000 résidents de Topkapi au XVIe siècle ont droit à deux repas par jour, offerts par le munificent sultan. Invariablement, le menu du soir du personnel est composé d'un bouillon de poulet au citron et à l'œuf, additionné de pâtes, de riz ou de châtaignes et de poulet rôti. La forte consommation de viandes et de laitages est une rémanence de l'alimentation de leurs ancêtres, nomades des steppes. Cette nourriture marque les esprits des visiteurs étrangers : la première mention du fameux *kebab* dans un texte en français date des années 1430. Elle est le fait du voyageur bourguignon Bertrandon de La Broquière qui dit manger de « la crème de buffle qui est très bonne et douce qu'ils appellent *kaymac* et j'en mangeais tant que je crus crever [...]. Et les Turcs me firent manger de la chair rôtie [...] et nous la tranchions tandis qu'elle rôtissait à la broche ». Le mot *kebab*, emprunté à l'arabe, désigne la viande grillée. Quand il est préparé sur une broche tournante, on parle de *döner* (littéralement « qui tourne » en turc), ce qui a donné le *döner kebab* contemporain. Le peuple au XVIe siècle se nourrit abondamment de pain agrémenté de graines de sésame, de mastic ou d'anis. Il consomme aussi des brochettes ou des petits pâtés fourrés d'abats *(börek)* : tripes, têtes, pieds et même yeux de mouton au sel sont vendus dans les gargotes et sur les étals ambulants. Les plus pauvres fréquentent les soupes populaires des mosquées où l'on sert du potage au riz ou de la bouillie de blé relevés d'épices. Les Stambouliotes de l'époque ont une aversion pour le poisson alors que leur capitale est entourée d'une mer poissonneuse.

À l'époque ottomane, une petite révolution alimentaire a lieu sur les rives du Bosphore : la traditionnelle trilogie méditerranéenne du blé, du vin et de l'huile d'olive est progressivement remplacée par celle du riz, du sucre et du beurre. C'est l'expansion ottomane du XVe siècle qui provoque l'arrivée massive du riz dans les assiettes des élites. Héritage de l'Empire moghol, le plat de riz bouilli puis fricassé dans du beurre et agrémenté de légumes et de viande devient un plat turc sous le nom de pilaf (*pilau* ou *pilaw*). Durant les festivités impériales données en l'honneur de la circoncision des fils du sultan Soliman le Magnifique en 1539 à Istanbul, on ne lésine pas sur le festin : on sert du pilaf de riz, de pâtes, de vermicelles, du pilaf jaune au safran, du pilaf vert aux épinards, du pilaf rouge aux raisins... Parmi les 41 plats servis, il y a des *kebabs* de mouton, de poulet, d'agneau, de paon, de canard, de pigeon, de perdrix et de caille, et pas moins de 53 variétés de confitures !

On retrouve le pilaf dans les cuisines de l'Inde à l'Iran en passant par la Grèce et jusqu'aux Antilles. Il faut attendre l'an de grâce 1971 pour qu'un autre plat turc conquière le monde : c'est le jeune émigré Mehmet Aygün qui apporte le *döner kebab* à Berlin. Ses lamelles de viande grillées sur une broche verticale tournante et servies dans un pain pita avec de la sauce ont un succès fulgurant. À tel point qu'au siècle suivant, ce sandwich devient un best-seller de la *street food* et étend son empire sur les estomacs du monde – un empire bien plus vaste que celui de Soliman le Magnifique.

MANGER AVEC LES AZTÈQUES À L'ARRIVÉE DES CONQUISTADORS

AZTÈQUE-FRITES

(début du XVIe siècle)

Lorsqu'en novembre 1519, le conquistador Hernán Cortés arrive aux portes de la ville de Mexico-Tenochtitlán, les mots lui manquent pour décrire ce qu'il y voit. La capitale de l'Empire aztèque, dirigé par Moctezuma, est une vaste cité de quelque 200 000 âmes, traversée par de longues avenues, irriguée de canaux et riche de marchandises inédites pour les Espagnols fraîchement débarqués. Un lieu en particulier fait forte impression au conquistador, au point qu'il juge utile d'en faire un récit circonstancié au roi Charles Quint dans la correspondance qu'il lui adresse : le marché de Tlatelolco.

Ici, tout le Mexique mastique : cette ville jumelle et ancienne rivale de Tenochtitlán accueille l'un des plus grandes places marchandes de l'Amérique préhispanique. Ces *tianguis* (du nahuatl *tianquiztli*) fleurissent dans tout le sous-continent, mais Tlatelolco était sans doute le plus fréquenté de tous, au point que la ville est un important nœud commercial vers 1500. Au doigt mouillé, Cortés estime qu'il y a 60 000 personnes qui vendent et achètent entre les murs de ce marché à l'air libre, « deux fois plus grand que celui de Salamanque », l'importante cité universitaire espagnole que le conquistador connaît bien. Il est surpris par le bon ordre qui règne ici car « chaque type de produit est vendu par allée spécialisée sans être mélangé à d'autres ». Au centre de la place, une bâtisse fait office de tribunal de commerce « où siègent en permanence dix à douze juges » qui ont pour mission de traiter les affaires du marché et de châtier les hypothétiques délinquants. Le troc est d'usage sur le marché, mais on utilise aussi comme monnaie d'échange de petites pièces d'étoffe nommées *patolcuachtli*, ou des fèves de cacao ; il existe même des faux-monnayeurs qui creusent les fèves pour les alourdir avec du sable afin de les rendre fallacieusement sonnantes et trébuchantes !

Sur les couvertures posées à même le sol se déploient « toutes les richesses dont regorge la Terre entière », exagère un Cortés subjugué. En plus des bijoux en or, en argent ou en laiton, des pierres précieuses, des coquillages ou des plumes à usage cérémoniel, on y trouve des matériaux de construction, de la poterie, des tissus, des couleurs mais aussi des esclaves et des services, notamment des coiffeurs... et, bien sûr, des denrées alimentaires à foison. On y vend lapins, lièvres, gros gibier et « petits chiens que les Indiens castrent et engraissent pour être consommés », poules, cailles, pigeons, tourterelles, perroquets, aigles ou faucons, tortues, serpents, iguanes et insectes comme des fourmis et des sauterelles. Pour donner une idée des prix, un lapin coûte quatre fèves de cacao.

Un peu plus loin, Cortés aperçoit des oignons, des poireaux, des aulx, du cresson, de la bourrache, de l'oseille, des pissenlits, des cerises et « des prunes très ressemblantes à celles d'Espagne ». On y vend du jus de canne de maïs « aussi sucré que celui de la canne à sucre », du miel et du sirop d'agave, « nettement meilleur que celui consommé en Espagne », plante dont ils tirent aussi un « vin » dit le conquistador – du *pulque* en fait, boisson alcoolisée produite par la fermentation de la sève de la plante. Et, bien sûr, on y trouve des denrées mythiques du Nouveau Monde, à la base du régime alimentaire

mésoaméricain, et qui vont bientôt se répandre à travers le monde comme les haricots, la tomate, la citrouille ou le piment.

On peut aussi boire et manger sur le marché de Tlatelolco : au menu, des tourtes de volaille, du poisson grillé ou des omelettes avalées sur le pouce. Bien avant la naturopathie holistique, les Aztèques connaissent déjà la spiruline, ce super-aliment vert qui n'est ni une plante ni une algue mais une bactérie photosynthétique que les locaux ramassent à la surface des lacs et font sécher au soleil avant d'en faire des petits pains qui rebutent grandement un témoin espagnol du temps : il les décrit comme des fromages à la forte odeur de vase… Mais les préparations les plus abondantes sont celles à base de maïs, la grande céréale civilisationnelle de la région. Cet épique épi divinisé par les Mayas et les Aztèques est vendu sous diverses formes sur le marché de la capitale « mexica » vers 1500. En grain, en pain ou sous forme de tortillas, ces petites galettes qui sont restées de nos jours l'étendard de la cuisine mexicaine. Or le maïs, pour développer toutes ses vertus nutritives et culinaires, doit être soumis à une transformation ancestrale que l'on appelle la nixtamalisation, consistant à tremper les grains dans une solution alcaline (jadis un mélange d'eau et de cendres, de nos jours souvent de l'eau de chaux) qui attaque le péricarpe, cette fine paroi recouvrant le grain. Sans cela, il est impossible de bien travailler le maïs moulu ni d'en extraire toutes les vitamines et les acides aminés.

Ce traitement du grain permet de préparer aussi le *tamal*, la papillote mésoaméricaine plurimillénaire : un pâté de maïs enveloppé dans une spathe de la même plante ou dans une feuille de bananier, qui peut être agrémenté de viande ou de légumes et cuit à la vapeur. Simple à cuire et facile à transporter, c'est un mets très populaire encore aujourd'hui au Mexique, que l'on picore après une séance d'effeuillage avec les doigts. En plus des deux ou trois collations que les Aztèques prennent par jour, ils consomment aussi de l'*atole*, dense boisson calorique à base de maïs bouilli dans de l'eau et condimenté de miel ou de piment.

Du maïs, épi c'est tout ? S'il est vrai que le repas populaire aztèque était répétitif et peu varié, les classes sociales aisées avaient une alimentation plus diversifiée, surtout pendant les banquets de noces ou les festins honorifiques qui pouvaient voir défiler grenouilles, iguanes, escargots, œufs de mouche aquatique ou fourmis, mais aussi ananas, pommes de terre (encore inconnues des Européens alors, aujourd'hui l'aliment le plus consommé au monde) ou viande de dinde, l'un des rares animaux domestiqués par les autochtones.

Sans oublier la grande boisson sacrée des Mayas puis des Aztèques, celle dont on raconte que l'empereur Moctezuma en consommait des litres tous les jours dans des gobelets d'or fin : le *xocoatl*, qui a donné chocolat en français. Le breuvage précolombien n'avait sans doute pas grand-chose à voir avec nos boissons cacaotées contemporaines : cette eau mousseuse aux vertus énergisantes, très amère, faite à partir des fèves de cacao grillées et broyées, était adoucie avec de la vanille, du miel et des épices. Lorsque Moctezuma en offre une tasse à Cortés, celui-ci trouve la chose fort aigre mais voit sans doute son potentiel commercial puisqu'il en fait envoyer une cargaison à son roi Charles Quint dès 1524.

La fausse impression de doux commerce qui règne entre Espagnols et Mexicas les premiers mois est un leurre. Si les contacts initiaux semblent diplomatiques, rapidement, une poignée de conquistadors et 200 000 indigènes tlaxcaltèques menés par Cortés assiègent et rasent Tenochtitlán, quartier par quartier, avant la défaite finale des troupes de Cuauhtémoc, cousin insoumis de Moctezuma, le 13 août 1521. La voracité des Espagnols face à toute cette abondance nouvelle est insatiable et ravageuse.

Dans ses mémoires, le grand poète chilien du XXe siècle Pablo Neruda décrit avec éloquence cette avidité des « fourbes conquistadors » qui « marchaient à grandes enjambées à travers les terribles cordillères, à travers les Amériques escarpées, à la recherche de pommes de terre, de saucisses, de haricots, de tabac brun, d'or, de maïs, d'œufs frits, avec cet appétit vorace que l'on n'a plus jamais vu nulle part. Ils avalaient tout, avec les religions, les pyramides, les tribus, les idoles, semblables à celles qu'eux-mêmes apportaient dans leurs grands sacs… ». Le choc microbien fera le reste, au point de faire disparaître la civilisation aztèque. De cette grandeur anéantie, quelques mots d'origine nahuatl subsistent dans le vocabulaire gourmand en français comme cacahuète, chocolat, tomate, avocat (via l'espagnol) et, bien sûr, guacamole.

MANGER AVEC DON QUICHOTTE AU SIÈCLE D'OR

LE CHEVALIER À LA TRISTE FRITURE

(fin XVIe-début XVIIe siècle)

À l'orée du XVIIe siècle, alors que l'Espagne des Habsbourg rayonne culturellement dans un empire sur lequel « le soleil ne se couche jamais », Miguel de Cervantes publie le premier livre de son roman légendaire : l'ingénieux Hidalgo Don Quichotte de la Manche. Ce nobliau filiforme et son fidèle écuyer râblé traînent leurs guêtres et leur appétit dans une Espagne famélique.

« Dans un village de la Manche, dont je ne veux pas me rappeler le nom, vivait, il n'y a pas longtemps, un de ces gentilshommes avec lance au râtelier, bouclier de cuir à l'ancienne, levrette pour la chasse et rosse efflanquée. Un pot-au-feu, avec un peu plus de bœuf que de mouton, un salpicon presque tous les soirs, des œufs frits au lard le samedi, des lentilles le vendredi, quelque pigeonneau de surcroît le dimanche consommaient les trois quarts de son bien. »

C'est donc par la table que débute le roman culte de Cervantès ; en nous décrivant ce que mange son protagoniste, l'auteur nous dit qui il est : un petit noble d'une province agreste et reculée ; un hidalgo, certes, mais un « fils de quelqu'un » sans le sou qui mange deux fois par jour (comme souvent les Espagnols du temps) tout en arrivant péniblement à garnir sa table. Le pot-au-feu de Don Quichotte est un potage médiocre, à l'image de son pouvoir d'achat, car s'il n'est pas rare de mêler la viande de bœuf et de mouton dans les *ollas* du Siècle d'or, il faut savoir qu'à l'époque, la viande de bovin coûte quatre fois moins cher que la viande d'ovin. Faute de moyens, la *olla* de l'hidalgo contient davantage de morceaux de vache fadasse que de chair goûteuse de mouton. Un ordinaire aristocratique pas très glorieux…

De surcroît, la marmite du déjeuner nourrit deux fois : en version chaude le matin, froide le soir. Afin de ne pas avoir à rallumer le feu, par souci d'économie, c'est un *salpicón* : une préparation à base de restes, souvent servie froide, à rapprocher du saupiquet, du mironton, de la capilotade, du salmigondis et autres viandes « à la pauvre homme » de la cuisine française. La recette est simple : émietter ou tailler finement les restes de viande ou de poisson cuits pour les accommoder d'oignons, d'huile, de sel et d'une sauce acide et piquante qui prend souvent la forme d'une vinaigrette allègrement aillée et poivrée, comme celle dont le gentilhomme de la Mancha parsemait les reliefs de son déjeuner. En español, on appelle aussi cette préparation *ropa vieja*, par analogie vestimentaire avec ce « vieil habit » usé que l'on rapièce et raccommode.

Poursuivons le menu d'Alonso Quijano : les lentilles du vendredi dénotent un comportement de bon chrétien qui pratique l'abstinence en ce jour maigre. Ces légumineuses, sans doute consommées en potée, avaient d'ailleurs la réputation de favoriser la mélancolie, un sentiment approprié à un jour triste en mémoire de la Passion du Christ. Le samedi, l'hidalgo mange des *duelos y quebrantos* – en espagnol, littéralement des « deuils et ruptures »… Les érudits se sont arraché les cheveux pour savoir ce que l'hidalgo pouvait boulotter de si funeste le sixième jour de la semaine : en fait, il s'agit d'un plat rustique de la Manche composé d'œufs brouillés et d'abats (cervelle d'agneau ou de mouton) ou, plus fréquemment, d'œufs frits et de lard.

Mais alors pour qui ces « deuils et ruptures » sont-ils si douloureux ? Eh bien sans doute pour les juifs : le samedi, jour du Chabbat dans la religion hébraïque, il est interdit d'allumer un feu selon la loi de Moïse. Il n'est donc pas anodin que Cervantès ait choisi le samedi pour faire manger de tels aliments à son personnage : des œufs passés par la poêle, avec du porc qui plus est, ce qui constitue un double outrage un jour de Chabbat, provoquant deuils (de la religion perdue) et ruptures (de la loi judaïque) à celui qui s'en sustente.

Un doute survient alors : Don Quichotte fait-il siens ces deuils et ces ruptures ? Mange-t-il ces œufs au lard à contrecœur ? De là à signifier de manière retorse que son hidalgo est en fait un marrane caché, il n'y a qu'un pas... Don Quichotte serait-il le descendant de juifs convertis au christianisme alors même qu'il fait du zèle alimentaire de vieux chrétien ?

Dans une Espagne profondément marquée par le décret d'expulsion des Juifs de 1492 et l'instauration ultérieure du Saint-Office de l'Inquisition, cette ironie voilée devait amuser les lecteurs de l'époque. Un simple plat d'œufs au lard en dit long sur la société du temps, celle des terribles et absurdes statuts de pureté de sang qui obligent à faire montre d'un lignage chrétien immaculé pour ne pas subir l'opprobre voire les foudres de l'Inquisition.

Ingurgiter ou non du porc devient le signe discriminant par excellence. Le corps social se trouve divisé entre « porcophiles » et « porcophobes », entre vieux chrétiens et nouveaux chrétiens. Dans l'Espagne du Siècle d'or, l'habitus alimentaire est scruté de près ; et par ce sous-texte, Cervantès assaisonne les œufs frits de son hidalgo (et de toute la petite noblesse) d'un terrible soupçon d'infamie. Le chevalier à la triste figure est aussi un chevalier à la triste friture... Le dimanche, le modeste hobereau rehausse son semainier de « quelque pigeonneau de surcroît », petit luxe tiré de la chasse, activité aristocratique s'il en est ; peut-être même qu'il possédait un pigeonnier, privilège accordé à la noblesse et aux confréries religieuses.

Si l'hidalgo réussit bon an mal an à garnir son pot, le roturier Sancho Panza, quant à lui, incarne ces Espagnols du petit peuple pour qui trouver à manger occupe une large part de l'existence. Le patronyme « Panza » (« panse » en espagnol) le réduit tout entier à son ventre ; Sancho se plaint de la faim et de la soif à longueur de roman, soumis qu'il est à une diète forcée par son ascétique patron : en entrant dans l'ordre de la chevalerie,

Don Quichotte a fait voeu de frugalité. Au grand dam de Sancho… L'écuyer à la faim perpétuelle ne porte souvent dans ses sacoches que quelques quignons de pain, des noix, glands, noisettes et « un peu de fromage si dur qu'il pourrait assommer un géant avec »… Si l'oignon rouge est le légume populaire le plus consommé, il lui arrive de tâter une *empanada* (tourte), quelques *torreznos*(grattons de porc), des os de jambon, des olives ou quelques « fruits de la poêle », des beignets frits dans l'huile… Et Sancho de déclarer, philosophe, que « la meilleure sauce du monde, c'est la faim » car elle donne à toute pitance une saveur délicieuse.

Cette existence à la fortune du pot ne l'empêchera pas, dans la suite du roman, lors d'un pique-nique improvisé, de goûter « un mets noir, appelé *cabial*, fait d'œufs de poisson »… Autrement écrit, du caviar ! Ce mets salé et gras, modeste à l'époque, a pour seule vertu de donner envie de boire du vin, précise Cervantès. Or Sancho n'est pas le dernier pour lever le coude : le vin est sa véritable passion. L'écuyer affirme même descendre d'une lignée de grands goûteurs au palais suprasensible dans une anecdote des plus gouleyantes : « Il ne manquerait plus que ça que je ne sois pas capable de reconnaître un vin ! Tel que vous me voyez, monsieur l'écuyer, j'ai comme qui dirait un instinct naturel, et il suffit que je renifle une bouteille pour dire sa patrie, sa lignée, son goût, son âge, combien de fois il va tourner, bref, tout ce qu'il faut savoir sur lui. Mais rien d'étonnant : j'ai dans ma famille, du côté de mon père, les deux plus fameux connaisseurs que notre province de la Manche ait eus pendant des années. L'histoire que je vais vous raconter vous en donnera la preuve. On leur demanda un jour de goûter du vin d'une certaine cuvée et de dire si, d'après eux, il était de bonne ou de mauvaise qualité. Le premier le goûta du bout de la langue ; le deuxième n'approcha qu'une courroie de cuir. Vous comprendrez que, quand on descend d'une lignée pareille, on peut se permettre de donner son avis sur la question. »

Malgré tous les métaux précieux qui arrivent à flux tendu d'Amérique, le Siècle d'or espagnol est aussi un siècle de misère. La condition noble ne garantit pas toujours une subsistance aisée et, dès le XVIe siècle, les romans picaresques rendent compte de cette réalité sociale interlope, pleine de pique-assiette roublards, de gueux au ventre vide et de malandrins assoiffés, à tel point qu'on a nommé ce courant « littérature de la faim ». Tiraillé entre la peur de déchoir et la nécessité de gérer sa modeste rente, Alonso Quijano, l'individu maigrelet qui se cache sous les oripeaux du génial Don Quichotte, préfère dévorer goulûment des romans de chevalerie.

MANGER À LA COUR DE FRANCE AVEC LES MÉDICIS

CATERING DE MÉDICIS

(XVIe siècle)

Quand, en 1533, la toute jeune Catherine de Médicis arrive en France pour se marier avec le futur Henri II, elle est suivie d'une cohorte de cuisiniers italiens qui auraient profondément modernisé la gastronomie française... Sauf que cela est un mythe. Encore largement marquée par le Moyen Âge, la table des nobles voit néanmoins apparaître de nouvelles denrées – auxquelles le petit peuple n'a pas droit. « La reine mère mangea tant qu'elle faillit crever et fut malade. On disait que c'était d'avoir trop mangé de fonds d'artichaut et de crêtes et rognons de coq dont elle était fort friande. »

Cette description de 1575 montre une Catherine de Médicis goulue et castratrice qui dévore des testicules de coq, analogie pour désigner les Français qu'elle émascule pour son bon plaisir de bouche... Toute gourmande que soit Catherine par ailleurs, il est clair que ce portrait est une charge politique xénophobe et misogyne contre cette reine italienne caricaturée en féroce gloutonne. À l'époque, l'anti-italianisme bat son plein à la cour de France, où l'héritière d'une riche famille de parvenus toscans a beaucoup de détracteurs. La légende noire qui fera de Catherine une reine despotique, intrigante et empoisonneuse s'invite déjà à sa table.

Paradoxalement, une image positive des cuisiniers, sauciers, confiseurs et pâtissiers italiens se fait jour : ils auraient propulsé la cuisine française vers les sommets. Ce mythe a fait de Catherine « la reine à la fourchette », un ustensile de table pourtant utilisé en France dès le XVe siècle. Catherine et ses protégés auraient aussi introduit soudainement des mets et des produits alors méconnus : la légende raconte qu'un élégant aristocrate de son entourage du nom de sieur Frangipani aurait eu pour habitude de parfumer ses gants d'un parfum de sa création à base d'amande avant qu'il ne devienne la flaveur caractéristique de la galette des rois : la frangipane. L'histoire est belle mais c'est une pure invention.

D'autres personnages aussi fameux que fumeux peuplent cette galerie d'artisans imaginaires : Popelini, maître queux de la reine qui aurait été l'inventeur de la pâte à chou ; Giovanni Pastilla, créateur prétendu des pastilles et des bonbons ; Procope Cultelli (grand-père de François Procope, le fondateur du célèbre café homonyme à Paris), promoteur supposé des glaces et sorbets en France... D'après le mythe italien, la reine serait aussi à l'origine des biscuits à la cuillère, des massepains, du feuilletage... bref, de toute la pâtisserie moderne. En fait, la cuisine de la Renaissance est encore largement sous influence médiévale. Si la contribution de Catherine, à titre personnel, ne paraît pas décisive, il existe bien une ouverture des tables nobiliaires aux saveurs et aux produits italiens. L'artichaut (dont la reine raffolait), très consommé durant l'Antiquité, revient au goût du jour avec force. Les petits pois frais font les délices de la cour et Bartolomeo Scappi, célébrissime cuisinier du pape, les prépare dans diverses recettes de son *Ouvrage sur l'art de cuisiner* (1570).

Dans ce best-seller culinaire transalpin traduit partout sur le continent, Scappi prône l'usage du beurre, qui va bientôt conquérir les tables, et de la crème fouettée ; il propose

des formes de raviolis originales, réintroduit les abats (dont les yeux de veau en brochette), les coquillages (les huîtres) et les œufs de poisson (le caviar). Il est aussi précurseur dans l'art d'accommoder les nouveaux produits venus d'Amérique, notamment une dinde farcie de lard, d'herbes (menthe, marjolaine, pimprenelle, persil) et d'épices (poivre, cannelle, girofle, muscade). On voit dans cette recette que, malgré l'utilisation de ce produit inédit venu du Nouveau Monde, la cuisine des élites du XVIe siècle n'opère pas de rupture franche avec celle du Moyen Âge. Les plats très épicés et les sauces aigres-douces sont toujours appréciés, même si le sucre vient peu à peu mâtiner l'acidité puissante du vinaigre, du verjus, de l'orange ou du citron.

La vraie nouveauté, c'est la promotion des fruits et légumes. Depuis des siècles, les élites italiennes consomment davantage de végétaux que le reste de l'Europe. Sous leur influence, champignons, asperges, blettes, salades, salsifis, choux-fleurs, brocolis, cresson, endives, concombres, chicorée s'imposent lentement aussi en France. À la manière des portraits du peintre Arcimboldo, une petite révolution horticole s'opère, qui redonne du lustre aux légumes, traditionnellement méprisés par les nobles comme une nourriture de paysan… Il est clair qu'au XVIe siècle, les riches mangent moins carné, ce qui fera dire au poète Ronsard : « L'artichot et la salade, l'asperge et la pastenade [le panais] […] me sont herbes plus friandes que les royales viandes. » On délaisse les cygnes, hérons, paons ou faisans et autres oiseaux du siècle précédent au profit des viandes de boucherie comme le bœuf, le veau, l'agneau ou le mouton, souvent grillés.

Servies en entrée, les poires, les pommes, les framboises ou les cerises arrivent sur la table des Guise, puissante famille aristocratique du temps. Le melon est particulièrement apprécié au point que ces aristocrates mobilisent leurs réseaux pour trouver les meilleurs en été. Féru de produits transalpins, le duc de Guise se fait envoyer en 1553 depuis Lyon douze livres de saucisse de Bologne, une charcuterie sèche à base de bœuf et de porc au poivre et au gingembre. Les fromages italiens sont aussi à son goût, et il se fait expédier des fromages de brebis (du marzolino) et du fromage de Milan que nous appelons aujourd'hui le parmesan.

Ces nouveaux becs sucrés se régalent de confitures (de rose), de friandises, de confiseries et de sirops : on raconte que Henri de Guise est mort une boîte à dragées en argent dans la main et que quelques minutes avant d'être assassiné, il aurait réclamé des raisins de Damas, de la confiture de rose ou quelque petite douceur. Le façonnage du sucre devient une passion nobiliaire. Ainsi, quand le roi Henri III visite Venise en 1574, on lui prépare un banquet où tout est en sucre, de la nappe aux couverts et même les serviettes et le pain !

Loin de tous ces délices, le petit peuple, quant à lui, se nourrit de la même manière frugale qu'auparavant. « La nourriture des agriculteurs est pieuse, innocente et convenant le mieux à la nature », comme le dit le médecin de François Ier. Il ajoute qu'« ils se contentent de leurs récoltes et de leurs fruits, et vivent des produits du troupeau, de lait, petit-lait, fromage et beurre ». Leur viande de prédilection, quand il y en a, est le porc (fumé ou salé) qui reste l'apanage des classes populaires, bouilli dans un pot. Certains pourtant ne mangent que « des choux, des poireaux, des oignons et des aulx avec du sel ; ou même du sel seul avec le pain ». Et les jours de fête, ils peuvent préparer du chevreau, de l'agneau, une poule ou une oie de leur basse-cour.

Pourtant, l'essor démographique réduit la quantité de viande disponible, et les céréales restent des aliments de base pour les paysans : en plus du froment, le seigle, l'orge, l'avoine sont cultivés. Les châtaignes sont abondamment cueillies dans le Sud. Le pain, parfois fabriqué seulement une ou deux fois par an dans les villages, est conservé en énormes miches et mangé rassis, voire dur. Pour le rendre mangeable, une épaisse tranche de pain est déposée au fond d'un bol et arrosée de bouillon de légumes, plus rarement de viande. D'ailleurs, le mot « soupe » désigne à l'origine ce morceau de pain et non le liquide qui l'imbibe, d'où les expressions « tremper la soupe » (qui veut dire se mettre à manger) ou « être trempé comme une soupe »…

À chacun son alimentation, en somme : raffinée et supérieure pour les hautes strates sociales, fruste pour les couches les plus basses dans une société immobiliste. L'assiette s'impose dans les maisons huppées au détriment du tranchoir médiéval, cette tranche de pain ferme qui faisait office de support pour les mets. Avec la vaisselle et la verrerie, les manières de table se raffinent à la suite d'Érasme, qui préconise de mâcher la bouche fermée, de ne pas lécher le fond de son assiette, de ne pas roter bruyamment pendant le repas ou de ne pas se moucher dans la nappe… Un idéal de civilité qui n'empêchera pas le terrible massacre de la Saint-Barthélemy de nous rester sur l'estomac.

MANGER AU JAPON AVEC LES SAMOURAÏS

SAKÉ SOIRÉE !

(XIVe-XIXe siècle)

Les samouraïs sont les vassaux de puissants seigneurs (les* daimyos*) à qui ils prêtent allégeance. Placés au sommet de la hiérarchie sociale, ces guerriers lettrés sont les instigateurs d'une riche culture alimentaire qui a marqué le déroulé du repas nippon jusqu'à nos jours. Leurs banquets sont des modèles de raffinement où la nourriture à parfois moins vocation à être mangée que contemplée.

À partir du XIVe siècle, la cuisine traditionnelle des samouraïs prend une forme ritualisée appelée le *honzen-ryori*. Servi sur des plateaux montés sur pattes (appelés *honzen*), le menu de base est composé d'une soupe, de riz, de pickles et d'accompagnements crus, grillés ou mijotés ; le faste du repas dépend du nombre de plateaux qui défilent. Chaque mets a sa place bien spécifique sur le *honzen* et les mangeurs assis autour du brasero doivent déguster le repas en suivant une étiquette stricte. C'est un terrible faux pas que d'enfoncer ses baguettes profondément dans sa nourriture ou dans sa bouche. Il convient aussi de prendre un peu de riz avant de passer d'un plat à l'autre. Déjà, au XIe siècle, la dame de cour et femme de lettres Sei Shonagon observait avec un certain dédain la manière de manger de rustres travailleurs venus faire des rénovations dans le palais impérial où elle résidait :

« La façon dont les menuisiers mangent est vraiment étrange [...]. Dès que la nourriture a été apportée, ils sont tombés sur les bols de soupe et en ont avalé le contenu. Ensuite, ils ont écarté les bols et ont fini tous les légumes. Je me demandais s'ils allaient laisser leur riz ; un instant plus tard, il ne restait plus un grain dans les bols. Ils se sont tous comportés exactement de la même manière, donc je suppose que cela doit être la coutume des menuisiers... »

La bienséance nobiliaire exige que l'on mange en piochant alternativement dans chacun des mets ; il est hors de question, comme dans notre service à la russe, de terminer tout un plat avant de passer au suivant. À partir de la période Muromachi (1333-1573), le banquet des samouraïs de haut rang et de la noblesse devient la norme des dîners formels. Bien que la frugalité soit une valeur cardinale dans le *bushido*, le code d'honneur des samouraïs, leur repas traditionnel atteint au fil des siècles un paroxysme de maniérisme, incluant une abondante vaisselle laquée et un cérémonial complexe. À l'image de la poésie japonaise, par souci d'équilibre, chaque plateau est composé de trois, cinq ou sept plats qui sont les syllabes du repas. Dans son journal, un samouraï cossu écrit pendant l'ère Genroku (1688-1704) que lui et ses collègues se partagent pendant le service de riches repas composés de soupe miso, de radis daikon séché, d'arame (une algue brune), de prunes marinées, de tofu, de *konnyaku* (la pâte de konjac), d'igname, de sashimi (tranches de poisson cru), de racine de bardane bouillie, de palourdes d'eau douce marinées, de rougets grillés et de divers pickles de légumes... le tout copieusement arrosé de saké. Les fêtes données par le puissant daimyo Tokugawa Yorinobu du 23 au 28 janvier 1624 poussent le raffinement encore plus loin : on voit défiler de la soupe de grue, de l'ormeau, de la daurade, du kombu (une algue comestible), du pluvier (petit oiseau) grillé, du *zoni* (un bouillon aux mochis, légumes et miso blanc), des intestins de concombre de mer assaisonnés et

des bols éclatants du riz le plus exquis, cuit selon les règles de l'art et dont on ne sert que la meilleure partie, celle du milieu de la casserole. Ensuite, des cadeaux de grande valeur sont échangés, des danses et des pièces de théâtre nô amusent les convives tandis qu'on leur sert des petits pains fourrés à la pâte de haricots rouges sucrée et du saké. Mais de tels festins sont inabordables pour le guerrier japonais moyen : l'écart de régime alimentaire entre l'élite des samouraïs et ceux de rang inférieur est grande. En 1861, un samouraï modeste raconte comment sa pension a été réduite brutalement, limitant ses collations à une maigre soupe, des pickles et du riz froid arrosé de thé vert chaud, parfois égayés de tofu et de légumes bouillis mais jamais d'œufs ni de poisson, hors de prix pour lui. Au fond, le guerrier a une alimentation qui ressemble à celle du peuple dans la ville d'Edo, l'ancien nom de Tokyo, qui devient la cité la plus peuplée au monde au XVIIIe siècle : les repas des roturiers sont composés de poisson séché, de soupe claire au tofu, de haricots bouillis, de nouilles soba au sarrasin, d'*unagi* (de l'anguille grillée au charbon de bois), de riz et de légumes variés, souvent achetés sur les stands de nourriture qui enfument les rues. L'un de ces mets est devenu le plat national japonais depuis : le sushi est, au départ, une technique de conservation du poisson. Les marchands se rendent compte que les filets de poisson emballés dans du riz vinaigré et fermentés plusieurs jours dans des tonneaux se conservent bien mieux et peuvent être transportés des côtes vers l'intérieur des terres, où la demande est de plus en plus forte. Compressé dans une forme de bois, le maquereau est ainsi transporté à flux tendu de la baie de Wakasa jusqu'au palais impérial de Kyoto. Le riz est alors un simple emballage qui est jeté pour ne garder que le poisson qu'il entoure. Avec le temps, le riz vinaigré a fini par être consommé aussi, faisant évoluer l'antique *narezushi* de conservation en véritable plat nommé *namanare*, mondialement connu aujourd'hui sous le nom de *sushi*.

Autour du château d'Edo où vivent les seigneurs et le shogun (le grand chef militaire) s'étale un quartier habité par les samouraïs. Logeant au plus près de leurs maîtres, les vassaux peuvent recevoir la visite de leur suzerain : le samouraï se doit alors de donner un fastueux banquet pour honorer son hôte de marque, quitte à mettre en gage un kimono ou une ceinture de sa garde-robe afin de financer le repas. Pendant les banquets aristocratiques, on assiste à des « cérémonies du couteau » ; pour le samouraï, son épée est plus qu'une arme : elle est son âme. Il a même le privilège de pouvoir porter deux épées, une courte et une longue. Du katana, le sabre traditionnel, au couteau de cuisine, il n'y a qu'un pas, et l'art de la découpe d'aliments fait l'objet de spectacles très prisés des élites. Les *hochonins* (« hommes au couteau à découper ») lèvent de grosses pièces de poisson ou de gibier avec une subjuguante dextérité, dans un cérémonial qui tient de la danse assise. Les grands seigneurs se font ainsi découper en direct un cygne, une grosse carpe ou une grue à l'occasion des fêtes du Nouvel An, pour la beauté du geste mais aussi parce que cette cérémonie a une forte teneur spirituelle. Elle est perçue comme une manière d'exorciser l'animal pour ceux qui vont s'en nourrir, le contact avec la mort étant vu comme une souillure dans le shintoïsme, la vénérable religion japonaise. Comble de la sophistication, ces pièces taillées ne sont même pas mangées mais seulement contemplées, car comme l'écrit le grand écrivain Jun'ichiro Tanizaki (1886-1965), « la cuisine japonaise, ce n'est pas une chose qui se mange mais une chose qui se regarde, et mieux encore, qui se médite ! ».

C'est à un fils de samouraï devenu moine bouddhiste que l'on doit la codification de la cérémonie du thé. Sen no Rikyu (1522-1591) la conçoit comme une expérience complète imprégnée de l'idéal zen d'harmonie et de pureté. La cérémonie exige une céramique fine (le *raku*), des objets en bambou laqué, des tissus, des peintures, des fleurs, des vêtements choisis afin de créer une atmosphère propice à la dégustation. Ce rituel empreint d'une certaine esthétique de l'imperfection peut durer toute une journée et commence par une collation appelée *kaiseki*. En réaction au très solennel *honzen*, le *kaiseki* revendique davantage de simplicité tout en conservant la trame du repas solennel en de multiples petites assiettes. Pendant ces cérémonies, la haute société pratique le *tocha*, un jeu de dégustation à l'aveugle dans lequel plusieurs thés cultivés dans divers districts du pays sont servis ; un prix est attribué au joueur qui peut identifier correctement le plus de variétés. Dans le repas traditionnel japonais, il est indispensable de respecter scrupuleusement la saisonnalité et l'origine des produits, de prêter attention à la délicieuse finitude des choses. Le célèbre poète Matsuo Basho (1644-1694) – qui fut aussi apprenti cuisinier chez des samouraïs – célèbre cette beauté éphémère du monde dans ses haïkus sur le boire et le manger : il se souvient d'un « Canard au four avec du persil sauvage / première glace des rizières / au pied de la montagne » ; affirme que « Rien ne peut égaler / la truite doucement vinaigrée / de la rivière Nagara » ; s'enivre car « Le saké déborde / sur le plateau / orné de chrysanthèmes »… En somme, le poète songe en mangeant : « Demain, elles seront sèches / les feuilles des gâteaux de riz / rêve éphémère »… C'est donc ça, le goût du temps qui passe ?

MANGER AVEC LES SORCIÈRES AU XVIIe SIÈCLE

METTRE LES BÛCHERS DOUBLES

(XVIe-XVIIe siècles)

On pense à tort que la chasse aux sorcières est le fait d'un Moyen Âge obscurantiste. Pourtant, c'est bien pendant l'éclatante Renaissance que des milliers de femmes sont condamnées pour sorcellerie, avec une virulence toute particulière dans l'est de la France et en Allemagne. Accusées de préparer de très fantasmatiques festins du diable dans leur chaudron maléfique, elles consommeraient des herbes vénéneuses, des animaux inquiétants et de la chair humaine…

Pour chasser le démon du corps d'un possédé, saint Martin préconise une diète chrétienne : « L'énergumène [le possédé] jeûnera quarante jours et quarante nuits; la première semaine, il mangera pour toute nourriture du pain froid cuit sous la cendre, et il boira de l'eau bénite; les cinq semaines suivantes, il pourra prendre du vin, manger du lard, mais il aura soin de ne point s'enivrer, et il s'abstiendra de la tanche et de l'anguille. »

Saint Pacôme, quant à lui, propose une autre recette : il fait manger aux possédés du pain bénit coupé par petits morceaux qu'il cache dans des dattes… La possession par le diable est affaire d'ingestion. Dans les archives de procès menés par des démonologues, ces zélés spécialistes du démon, apparaît une véritable cuisine des sorcières. Sous la torture, les villageoises persécutées (car les victimes sont à 80 % des femmes) décrivent des ingrédients, des préparations et des repas qui vont du plus banal au plus terrifiant. Une femme avoue ainsi avoir soigné une malade avec une soupe de farine; ailleurs, un porc souffrant est guéri grâce à une préparation à base de poireau, de feuilles de chou et de « mauvegoulx », plante mal identifiée. Le cruel démonologue lorrain Nicolas Remy s'attarde sur les denrées de ces femmes qui « apparemment, mangeraient d'habitude des châtaignes, des fèves, des choux, du suc de pavot, des oignons et des haricots », régime alimentaire commun à la paysannerie du temps. Dans les archives, potages, soupes et breuvages sont monnaie courante et l'étymologie latine du mot « potion » (de *potare*, « boire ») rappelle l'importance de cette boisson dans la magie des sorcières. Souvent, remède et aliment ne font qu'un.

Le pain et le vin sont fréquemment associés à un autre élément dans les remèdes contre le démon : le sel. Sa vertu conservatrice en fait un élément positif, et sa présence dans l'eau du baptême chrétien un allié pour l'exorciste qui veut « mettre en fuite les démons » comme l'écrit Nicolas Remy. Dans les archives, une femme raconte qu'elle a guéri d'une « tristesse » inoculée par une sorcière au moyen d'une poire ensorcelée en se préparant une soupe à base de sel, de pain et de cendres prélevées au logis de ladite sorcière… Un autre villageois combine le pain, le sel et les cendres pour soigner ses mains et ses pieds enflés depuis un an. Voyant Satan partout, Nicolas Remy met en garde contre « ces mangeailles ou boissons que nous nous donnons la peine de dérober en cachette dans la maison d'une sorcière afin que ces victuailles nous permettent de sortir du mauvais état de santé dont nous souffrons » et accuse ces femmes de faire croire que « dans leur garde-manger se trouvent des remèdes infaillibles contre la maladie, comme s'il s'agissait de l'officine d'un apothicaire ».

N'en déplaise aux agités du bûcher, les préparations de ces rebouteuses contribuent à la guérison du malade au moins parce qu'elles le nourrissent et le fortifient. Le fenouil, l'anis, le safran, la muscade, le panais, l'orge ou le navet sont couramment utilisés. Une autre plante alimentaire associée aux sorcières est l'herbe de la Saint-Jean, une dénomination vague nimbée de mystère qui peut désigner l'armoise, le millepertuis, la verveine ou la fougère. Il y a aussi la mandragore, la belladone, la jusquiame ou le datura, toutes des plantes toxiques et hallucinogènes. Michelet, le grand historien du XIXe, est le premier à conférer à ces « sorcières » une valeur positive : en fait, il s'agirait d'après lui de sages-femmes et de guérisseuses dotées d'un savoir empirique utile – et inquiétant pour les tenants d'un pouvoir officiel. Contre la médecine savante engoncée dans ses théories, ces herboristes populaires auraient contribué à faire avancer la pharmacopée et à mettre en pratique une médecine de terrain qui aurait soulagé bien des maux (féminins notamment) par la connaissance des vertus des plantes.

Dans les archives, on voit aussi apparaître des ingrédients répugnants : une sorcière fait avaler des crottes de rat pendant deux semaines à un malade ; une autre préconise de faire cuire un œuf dans l'urine du malade. Une guérisseuse dit avoir préparé un remède à base d'œufs, de terre et de cire. La limite entre remède et poison est mince comme dans le cas de la « soupe du diable » : c'est ainsi qu'une femme tombée malade après un repas qualifie la soupe préparée par sa belle-sœur. Cette dernière finit par avouer sous la pression qu'elle a ajouté au potage une poudre diabolique offerte par Satan lui-même. Dans sa pièce *Macbeth*, Shakespeare en donne une recette aussi précise qu'imaginaire :

« Filet de couleuvre de marais,
Dans le chaudron bous et cuis.
Œil de salamandre, orteil de grenouille,
Poil de chauve-souris et langue de chien,
Langue fourchue de vipère, dard de reptile aveugle,
Patte de lézard, aile de hibou,
Pour faire un charme puissant en trouble,
Bouillez et écumez comme une soupe en enfer. »

En plus de ces ingrédients épouvantables, c'est un ustensile qui est devenu le symbole même de la sorcellerie : le chaudron des maléfices, un objet prégnant dans l'imaginaire collectif. Autour de leur grande marmite, les possédées préparent le festin démoniaque : le sabbat est le point d'orgue de la cuisine des sorcières. Ce banquet présidé par Satan lui-même est parfois décrit dans les procès comme un festin délicieux qui ressemble grandement aux repas des fêtes paysannes du temps : on installe un drap sur le sol, on boit de la bière, du vin et du lait dans des gobelets, on mange du bœuf et des volailles rôtis, du fromage et du bon pain. En somme, on ripaille avec le diable comme on le ferait en famille. Afin d'outrager l'Église, le diable donnerait des repas splendides les jours d'abstinence, les assistants portant des toasts au déclin de la foi, à l'hérésie et à l'antéchrist. Le maléfique amphitryon de ces noires agapes chante et danse pour égayer les convives; le *dress code* de ces assemblées est souvent la nudité intégrale car ces réunions peuvent finir en orgie sexuelle d'après les imaginations en délire.

D'autres fois, le festin est fade, voire répugnant : on y trouve de la viande bouillie qui n'a presque aucun goût par manque de sel, car les sorcières ont ce produit sacré en horreur. On y déguste de la chair de rat ou de souris; le pain à la table du démon est décrit comme noir et mauvais. Le repas des sorcières atteint son paroxysme avec le cannibalisme. Nicolas Remy est formel : « Les sorcières se nourrissent réellement de chairs humaines prises sur des cadavres. » Dès les premiers écrits démonologiques dans les années 1430, l'anthropophagie est associée à la sorcellerie. Le théologien allemand Johannes Nider imagine même un ragoût abracadabrant : les corps des mort-nés privés de baptême sont déterrés de leur tombe pour être cuits jusqu'à ce que la chair se sépare des os; les sucs extraits de ces chairs sont bus exclusivement par les meneurs de la secte diabolique… Les gravures de l'époque s'en donnent à cœur joie : grand plateau de membres humains grillés au centre de la table, organes d'enfants mis à cuire sur le feu…

Il est évident que ces aveux extorqués sous la torture en disent davantage sur les fantasmes des juges que sur les pratiques des accusées. Le cannibalisme est le parangon du délire démonologique, et le sorcier en proie à la furie prendrait parfois les traits du loup-garou pour dévorer de la chair humaine : c'est la lycanthropie. Jean Bordin, démonologue tristement célèbre, rapporte comment un sorcier changé en bête déterra une femme « et lui coupa une cuisse et l'emporta sur ses épaules mordant à belles dents en la chair d'icelle »… Loin des peurs et des fantasmes, les préparations des guérisseuses accusées de sorcellerie ne sont souvent que de simples soupes nourrissantes et restauratives, additionnées de plantes aux effets analgésiques. Dans cette époque moderne qui se targue de rationalisme, la superstition a droit de cité. L'imagination perverse des démonologues s'enflamme au point de jeter quelque 50 000 femmes dans les bûchers de sorcellerie allumés pendant les XVIe et XVIIe siècles. On se demande qui, du juge ou de la condamnée, participe vraiment à l'effroyable barbecue du sabbat…

MANGER EN CHINE SOUS LA DYNASTIE QING

La... fourch
Pa... ard, a
Pour faire un charme puissant en
Bouillez et écumez comme une so

En plus de ces ingrédients épouvantables, c'est un
même de la sorcellerie : le chaudron des maléfi
collectif. Autour de leur grande marmite, les p
le sabbat est le point d'orgue de la cuisine
lui-même est parfois décrit dans les procès
grandement aux repas des fêtes paysannes du
boit de la bière, du vin et du lait dans des gobelets, on m

LA GRANDE MANGEAILLE DE CHINE

(1644-1912)

Dans ce pays vaste comme un continent, la cuisine s'appréhende nécessairement au pluriel. C'est sous la dynastie Qing, d'origine mandchoue, que l'art culinaire chinois culmine, inspiré par ses cuisines régionales et les apports du monde entier. Du festin impérial pléthorique à la modeste bouillie de riz, manger est affaire d'harmonie dans l'empire du Milieu.

Depuis plusieurs millénaires, il existe en Chine une opposition alimentaire, schématique mais réelle : au nord, le blé et les pâtes ; au sud, le riz et les vermicelles. Pour distinguer les caractéristiques gustatives propres à chaque région, le plus ancien traité de médecine chinoise de l'Antiquité *(Huangdi Nei Jing)* propose une formule lapidaire : « La saveur est acide à l'est, amère au sud, sucrée au centre, piquante à l'ouest et salée au nord. » Depuis lors, les cinq saveurs de la cuisine chinoise ont été redéfinies à mesure que de nouveaux ingrédients pénétraient dans le pays. Arrivé au XVIe siècle du Nouveau Monde en même temps que le maïs, la cacahuète, la tomate, la papaye, la patate douce, l'ananas ou la vanille, le piment a profondément marqué les célèbres cuisines brûlantes du Sichuan et du Hunan. Pourtant, il n'est que peu consommé avant le début du XIXe siècle et sert davantage de plante décorative jusqu'alors. Déjà, sous les dynasties précédentes, les rustiques haricots de soja fermentés sont transformés en moderne sauce soja qui s'impose comme assaisonnement, tout comme le *dòufú*, ce lait de soja caillé que les moines bouddhistes exportent ensuite au Japon en lui donnant le nom de tofu. Ces changements s'ancrent dans la cuisine familiale chinoise : ainsi, le *mapo tofu*, le ragoût sichuanais de tofu et de porc relevé de piment et de poivre du Sichuan, voit le jour en 1860 dans un restaurant populaire de la ville de Chengdu.

Les dizaines de variétés de nouilles chinoises deviennent une branche à part entière de la cuisine sous le nom générique de *mian*. On a retrouvé des traces de *jiaozi* médiévaux qui sont tout à fait semblables à ceux d'aujourd'hui : ces raviolis de blé tendre garnis de divers ingrédients et cuits à la vapeur sont omniprésents sur les tables chinoises, notamment à l'occasion du Nouvel An chinois. Ces pâtes farcies en forme d'oreille auraient été inventées par le médecin Zhang Zhongjing (IIe-IIIe siècles), qui les aurait préparées à l'agneau, aux poivrons noirs et aux plantes médicinales pour soigner ses patients. La cuisine en Chine est intimement liée à la médecine traditionnelle mais aussi aux religions et aux trois piliers de la pensée chinoise. Le Tao est le principe élémentaire de toute chose et dans la cuisine taoïste, la nourriture fait l'objet d'une méditation afin qu'elle soit en accord avec les rythmes du corps et de la nature. Sous la dynastie des Qing, il y a un Tao de nourriture comme il y a un Tao de conduite et un Tao de création littéraire car, d'après l'historien Jonathan Spence, les arts culinaires sont traités comme faisant partie de la vie de l'esprit. Dans l'assiette aussi, le yin et le yang doivent être équilibrés.

D'ailleurs, Lao-tseu, le sage fondateur du taoïsme, ne dit-il pas dans *Le Livre de la Voie et de la Vertu (Tao Te King)* qu'on gouverne un État comme on fait cuire des petits poissons ? Sentence sibylline qui invite sans doute le gouvernant à la précaution pour

que le corps social ne se détruise pas comme du menu fretin sur un feu trop vif. L'autre grande figure de la philosophie chinoise, Confucius, était un mangeur exigeant comme en témoignent ses *Entretiens* : il aimait que sa bouillie fût faite d'un riz très pur, et son hachis composé de viande hachée très finement. Il ne mangeait pas la bouillie qui était moisie et gâtée, ni le poisson ni la viande avariés. Il ne mangeait pas un mets qui avait perdu sa couleur ou son odeur ordinaires. Il ne mangeait pas un mets qui n'était pas cuit convenablement, ni un fruit qui n'était pas assez mûr. Il ne mangeait pas ce qui n'avait pas été coupé d'une manière régulière, ni ce qui n'avait pas été assaisonné avec la sauce adéquate. Il ne mangeait pas avec excès. Sur sa table, Confucius avait toujours du gingembre, qui éclaircit l'intelligence et dissipe toutes les impuretés. Simplicité et harmonie sont au cœur de la diète confucéenne : la conception holistique du repas implique un équilibre de saveurs, de textures, de températures et de couleurs. Elle implique aussi qu'on ne fausse pas les ingrédients.

Les bouddhistes ont, quant à eux, une influence considérable sur les habitudes alimentaires en bannissant les viandes de leur menu par refus de la mise à mort animale, et en faisant la promotion des substituts végétaux comme les préparations à base de soja. De même, ils contribuent à la diffusion du thé, d'abord comme boisson des élites, puis comme boisson pour tous, même si, au XIXe siècle, les pauvres du nord de la Chine boivent encore de l'eau bouillie sans feuilles de thé.

La dynastie des Qing voit aussi prospérer la figure du gastronome lettré. Pour Li Yu (1611-1680) comme pour Yuan Mei (1716-1797), le riz est une affaire très sérieuse. Préparer un simple bol de *congee*, la bouillie de riz qui est la base de l'ordinaire des Chinois, fait l'objet d'un savoir-faire subtil ; il faut harmoniser le dur et le mou, le sec et l'humide car, comme l'écrit Yuan Li, « si on voit de l'eau mais pas le riz, ce n'est pas un *congee* ; si on voit du riz mais pas d'eau, ce n'est pas un *congee* ». Li Yu demande à ses servantes d'asperger le riz en train de cuire d'essence de fleurs de rosier, de cannelier ou d'oranger pour l'aromatiser et épater ses convives. Aussi économe que gourmet, Li Yu prône l'astuce en cuisine, vante les vertus des ingrédients simples et place les légumes au sommet des délices, surtout s'ils sont fraîchement cueillis et à peine transformés. Imprégné de bouddhisme, il tient les légumes pour supérieurs à la viande « comme le prince est supérieur au simple sujet » ; la mise à mort cruelle des animaux lui est insupportable. Pour lui, les pousses de bambou cuites dans l'eau pure et assaisonnées d'un peu de sauce soja sont la plus parfaite des nourritures végétales : aussi bonnes et bien moins coûteuses, conclut-il, que la paume d'ours, mets légendaire ! Un siècle plus tard, le lettré Yuan Mei codifie les grands principes de la cuisine chinoise et fixe des dizaines de recettes, ménagères ou luxueuses, réalisées par son grand cuisinier Wang Xiaoyu auquel il rend un hommage ému. Parmi d'autres plats plus quotidiens, le livre mentionne des mets de choix comme le nid d'hirondelle : en fait, ce ne sont pas les hirondelles mais certaines espèces de martinets qui sécrètent une salive mucilagineuse dont ils font leurs nids. On prélève cette matière blanchâtre et diaphane dans les grottes, puis elle doit être lavée et « bouillie dans une soupe avec du poulet, du jambon maigre et des champignons tendres », jusqu'à ce que le nid d'hirondelle prenne « l'aspect du jade ». Il donne des recettes d'aileron de requin, sans doute moins apprécié pour son goût fade que pour sa texture visqueuse car en Chine, le gluant est une catégorie gustative ; il affectionne aussi le concombre de mer (un animal marin mou) et les ormeaux (coquillages appréciés aussi des Bretons). Autant de mets rares qui doivent être consommés en petites portions et avec modestie. Nos deux écrivains sybarites se réclament d'une forme de minimalisme gastronomique où les produits d'exception se suffisent à eux-mêmes, sans que l'on ait besoin de les dénaturer. Les repas à rallonge, les mets compliqués et les festins tape-à-l'œil donnés par les dignitaires de l'Empire qui accumulent 40 assiettes sur la table les agacent tous les deux.

Le modèle mythique de ce genre de banquet fastueux est celui donné en 1720 à Pékin à l'occasion des 66 ans de l'empereur Kangxi, monarque qui règne depuis un demi-siècle sur une Chine divisée. D'après la légende, afin de réconcilier les Han et les Mandchous, il organise pendant trois jours un banquet constitué de 108 plats plus ou moins mirifiques censés réunir le meilleur des deux cultures (liste non exhaustive) : les délices de la montagne – bosse de chameau, paume d'ours, lèvre d'orang-outan, trompe d'éléphant ou placenta de léopard ; les délices de la mer – nid d'hirondelle, aileron de requin, concombre de mer, ormeau ou phoque ; les délices de volailles – hirondelle, grue, caille, cygne, paon, aigle ; les délices de légumes – bambou, morilles, trémelles blanches et hydne roussissant (des espèces de champignons)... Réel ou imaginaire, ce banquet est resté comme un idéal-type du grand repas impérial souvent imité depuis dans les restaurants spécialisés. De quoi nous convaincre définitivement que la gastronomie chinoise est la plus variée du monde.

MANGER AVEC LES ENCYCLOPÉDISTES AU SIÈCLE DES LUMIÈRES

LE SIÈCLE DES LÉGUMIÈRES

(XVIIIe siècle)

Si le XVIIIe siècle consacre l'avènement du rationalisme, des arts et des lettres, il est aussi le siècle qui se propose d'en finir avec la famine. Certains philosophes et encyclopédistes conçoivent même un lien entre penser et manger. Pourtant, malgré son optimisme alimentaire, le siècle des Lumières est aussi un siècle des misères pour le petit peuple affamé.

Mû par leur esprit autant que par leur ventre, l'appétit des penseurs des Lumières a une dimension philosophique. Ainsi Diderot, dans sa *Correspondance*, n'a de cesse de boire et de manger : « Je mangeai comme un louveteau [...]. Je bus des vins de toutes sortes de noms; un melon d'une perfidie incroyable m'attendait là; et croyez-vous qu'il fut possible de résister à un énorme fromage glacé ? Et puis des liqueurs; et puis du café; et puis une indigestion abominable qui m'a tenu sur pied toute la nuit. » Le philosophe matérialiste et subtil littérateur est aussi un goinfre grandiose qui s'adonne à sa faim « gaiement », en joyeuse compagnie. La table est le lieu de la sociabilité des gens de lettres : le repas est l'occasion de deviser sur les polémiques du temps et les idées en circulation dans une société convaincue d'être lancée à pleine vitesse sur le chemin du progrès. À ce titre, la gourmandise est à la nourriture ce que la curiosité est au savoir : elle est un signe d'optimisme et de disponibilité au monde. Diderot est régulièrement reçu au château de Grand-Val, près de Paris, par son protecteur le riche et éclairé baron d'Holbach. À la table aristocratique, le philosophe mange trop, au point qu'il dit que son ventre s'arrondit et qu'il doit lutter contre les boutons de sa veste : « J'ai encore huitaine à passer ici. Priez Dieu que je ne meure pas d'indigestion. On nous apporte tous les jours de Champigny les plus furieuses et les plus perfides anguilles, et puis des petits melons d'Astracan, puis de la *sauerkraut*, et puis des perdrix aux choux, et puis des perdreaux à la crapaudine, et puis des babas, et puis des pâtés, et puis des tourtes, et puis douze estomacs qu'il faudrait avoir, et puis un estomac où il faut mettre comme pour douze. Heureusement on boit en proportion, et tout passe. »

Le baron d'Holbach étant originaire du Palatinat, région d'Allemagne, il n'est pas étonnant de voir au menu la *sauerkraut*, autrement dit la « choucroute », qui commence à s'imposer sur les tables de France et que Diderot mentionne dans l'*Encyclopédie*. Son ami Jean-Jacques Rousseau aussi à bon appétit. Mais tandis que Diderot mord à belles dents, lui mange du bout des lèvres. L'appétit chez Rousseau est signe de la bonne santé propre à l'état de nature. Les plaisirs simples et enfantins (voire infantiles) prennent le dessus sur les délices gastronomiques compliqués : une pomme ou des cerises cueillies directement sur l'arbre sont de véritables friandises rousseauistes. Et Jean-Jacques de conclure : « Avec du laitage, des œufs, des herbes, du fromage, du pain bis et du vin passable, on est toujours sûr de me bien régaler. » Voltaire quant à lui, en vieillissant, s'émeut du sort des animaux de boucherie : « Il ne leur manque que la parole; s'ils l'avaient, oserions-nous les tuer et les manger ? Oserions-nous commettre ces fratricides ? Quel est le barbare qui pourrait faire rôtir un agneau, si cet agneau nous conjurait par un discours attendrissant de n'être point à la fois assassin et anthropophage ? » Avec l'âge, Voltaire est devenu végétarien par conviction philosophique.

Les pages de l'*Encyclopédie* font aussi une large place à la question alimentaire. Diderot et les autres rédacteurs prennent le parti d'une cuisine simple et ménagère, loin de la cuisine aristocratique qui consisterait à « dénaturer les mets ». Ainsi, on retrouve des recettes de mouton en ragoût, d'orangeade, de fricandeau, de civet, de persillade de bœuf, de matelote de poisson, de becfigue au verjus de grain et au poivre blanc… Cette frugalité de façade n'empêche pas les rédacteurs d'évoquer des produits exotiques comme la vanille, le cacao, la mangue ou le perroquet vert de Cayenne préparé en soupe ou en daube. Si les encyclopédistes mangent à leur faim, ils s'inquiètent des famines qui ont lieu sur le territoire : les tristement célèbres émeutes frumentaires. D'âpres débats les opposent aux physiocrates à propos du commerce et de la pénurie des grains dans une société traversée par de terribles disparités.

Le régime alimentaire des Parisiens de l'époque est décrit par Louis-Sébastien Mercier dans son *Tableau de Paris*. À Paris « tout abonde, le poisson délicieux, l'huître verte, le faisan, le chapon et l'ananas », oranges et citrons, « fruits aussi beaux que salubres ». Le badaud est frappé par les boutiques de pâtissiers, de charcutiers, de rôtisseurs aux coins des rues : « On voit des langues fourrées, des jambons couronnés de laurier, de grasses poulardes, des pâtés vermeils, des gâteaux tout sucrés qui sont sur le devant : on dirait qu'il n'y a qu'à y porter la main. » Une abondance délectable pour qui peut se la payer. L'ordinaire de la petite bourgeoisie, lui, est bien plus modeste et répétitif : « À dîner, la soupe, le bouilli ; le soir, la persillade ou le bœuf à la mode ; le gigot ou l'éclanche [épaule d'agneau], le dimanche, presque jamais de poisson, rarement des légumes, parce que l'accommodage en est toujours cher : voilà la nourriture habituelle ; ainsi vivent les trois quarts et demi des habitants de cette ville. »
Quant aux plus pauvres, leurs repas sont funestes : ils n'ont pas d'autre choix que de s'approvisionner au regrat, ce petit commerce alimentaire de seconde main et de détail qui pratique des prix gonflés : « Ainsi le cordonnier, le maçon, le tailleur, le portefaix, le journalier, etc., paient le vin, le bois, le beurre, le charbon, les œufs, etc., à un bien plus haut prix que le duc d'Orléans et le prince de Condé. » Parfois les produits vendus au poids y sont alourdis de sable, le vin est frelaté et les farines gâtées. Mercier condamne le commerce des denrées devenu un monopole par la mainmise cupide des accapareurs. Des abus qui affament les pauvres et font dire à l'auteur que « le peuple de Paris est le peuple de la terre […] qui est le plus mal nourri ». Si, dans la capitale, la disette est relative, dans les campagnes, elle est dramatique. La question des « grains » est un enjeu crucial de l'époque prérévolutionnaire : la libéralisation de l'exportation du blé défendue par les modernisateurs physiocrates provoque de graves disettes intérieures. S'associe à cela une offre croissante chez les boulangers de « pain de fantaisie », une mie blanche et tendre destinée aux classes aisées qui accapare la meilleure farine, au détriment du « pain de ménage », une miche brune à la farine bise (on dirait « semi-complète » de nos jours),

plus nutritive et destinée à la plèbe. Ce qui désole Louis-Sébastien Mercier pour qui « le beau pain mollet à l'air d'un noble parmi les roturiers ». Les encyclopédistes convaincus que le spectre de la faim avait été mis aux oubliettes doivent se rendre à l'évidence : leur siècle des Lumières est un siècle des misères.

À l'article « Grains » de l'*Encyclopédie*, on peut lire que les paysans se nourrissent toujours de « denrées de peu de valeur comme des pommes de terre, du blé noir, des châtaignes ». Pour lutter contre la faim du menu peuple, les économistes préconisent d'introduire de nouveaux consommables capables de se substituer au pain : la pomme de terre, dont on peut faire de la farine, s'impose peu à peu parmi les 90 plantes comestibles méconnues que Parmentier identifie comme utiles en 1791. Il y a aussi la terre-noix, un tubercule au goût proche de la châtaigne, l'arbre aux pois (ou acacia jaune), dont on parvient à faire des gâteaux, ou le tilleul, dont on peut extraire du sucre. La betterave et le navet se développent aussi. Mais c'est l'arbre à pain qui fait fantasmer le philosophe le plus célèbre de son temps : Voltaire considère le fruit de cet arbre tropical originaire des Philippines comme un cadeau de la Création car sur ses branches pousse sans effort le pain si durement produit habituellement. Voltaire précise dans son *Dictionnaire philosophique* que « le dedans [du fruit] est une espèce de pâte blanche et tendre qui a le goût des meilleurs pains au lait ». Il va jusqu'à prophétiser que si l'arbre à pain et le cocotier poussaient sous toutes les latitudes, leurs fruits seuls « serviraient à nourrir et à désaltérer le genre humain ».

Avec toutes ces famines, l'image du roi de France comme père nourricier s'effrite progressivement et la question alimentaire est l'une des causes qui précipiteront les événements de 1789. Une réalité qui reste associée dans la mémoire collective à la fameuse et terrible assertion attribuée (à tort) à Marie-Antoinette : « S'ils n'ont pas de pain, qu'ils mangent de la brioche… » C'est la Révolution qui, bientôt, ne fera qu'une bouchée de la reine.

MANGER AUTOUR DU MONDE AVEC DARWIN

THÉORIE DE LA DÉGUSTATION DES ESPÈCES

(début du XIXe siècle)

Au XIXe siècle, le jeune naturaliste anglais Charles Darwin entreprend un long voyage autour du monde qui va révolutionner la science moderne. À bord du* Beagle*, s'il observe et classifie quantité d'animaux et végétaux qui vont lui permettre d'établir sa théorie de l'évolution, il ne manque pas également de les goûter car son appétit est aussi grand que sa curiosité. Darwin a littéralement dévoré son objet d'étude.

Né dans une prospère famille anglaise, Charles Robert Darwin est poussé par son père vers des études au Christ's College de la prestigieuse université de Cambridge : Charles est un étudiant doué mais dissipé préférant la chasse, les promenades à la campagne et les longues sorties à cheval aux gradins des amphithéâtres. Se rêvant en *country gentleman* britannique, il prend plaisir à explorer le Cambridgeshire, à constituer des herbiers, à collectionner des insectes et des pierres, à décrire des spécimens de la faune locale. Et à les manger.

En plus d'être féru d'histoire naturelle, Darwin est un gourmet excentrique. Avec sept de ses amis, il crée le Glutton Club (« club des gloutons ») qui se réunit chaque semaine chez l'un des membres pour faire ripaille. La particularité de cette société de mangeurs ? La dégustation de viandes étranges, des « oiseaux et bêtes inconnus du palais humain » : écureuil, hibou, faucon, butor... Tous abattus par Darwin au pistolet, ces animaux sont rôtis à la cheminée et dégustés dans l'intimité exiguë de leurs chambres d'étudiants. Le dernier repas du club gastronomique de Cambridge est une vieille chouette hulotte (ou chat-huant) au goût « indescriptible » d'après les présents. Ces curieux mangeurs s'autoproclament « friands de friandises ». Durant son périple en bateau, Darwin ne perd rien de cet appétit explorateur.

Ce n'est pas comme naturaliste que Charles Darwin est d'abord invité à bord du HMS *Beagle* mais comme compagnon d'équipage du capitaine Robert FitzRoy. Ce dernier cherchait un homme d'esprit de la bonne société anglaise pour lui tenir compagnie ; afin de tuer l'ennui d'un si long voyage, il lui fallait un commensal de choix. La candidature de Darwin faillit être rejetée à cause de la forme de son nez qui, d'après la lecture physiognomonique de FitzRoy, était le signe d'un caractère indécis et pusillanime... Finalement, le *Beagle,* petit bateau de 27 mètres de long avec 77 hommes à son bord, lève l'ancre de Devonport le 27 décembre 1831. Avant d'embarquer, Darwin, qui prend un malin plaisir à noter tout ce qu'il mange, dîne de côtelettes de mouton et boit force champagne pour fêter le départ de ce voyage. Il durera cinq longues années et lui fera voir les côtes du Brésil, de l'Argentine et du Chili, les îles Galápagos, Tahiti, la Nouvelle-Zélande, l'Australie et l'Afrique du Sud avant de rentrer en Angleterre en octobre 1836.

Le garde-manger du Beagle est bien garni de viande salée, légumineuses, avoine, riz, sucre, thé, vinaigre, cacao, tabac et rhum. Pour lutter contre le scorbut, cette maladie grave des marins provoquée par la carence prolongée en vitamine C, l'équipage consomme des pommes conservées en pickles, du jus de citron, du céleri sauvage et même de « l'herbe au scorbut », nom populaire de la cochléaire officinale riche en précieuse vitamine. Très vite, le mal de mer cloue Darwin dans son hamac : il n'avale que du biscuit de mer et des raisins secs, en plus d'un breuvage censé guérir le mal de mer, composé de vin très chaud, d'épices et de sagou, la fécule d'un palmier. Lorsque le *Beagle* accoste au Cap-Vert, Darwin est suffisamment remis de ses émotions pour tenter une excursion au cours de laquelle il goûte la première banane de sa vie, des tamarins et des oranges, mais aussi un repas qu'il qualifie à tort de « tropical » : barracuda grillé et patate douce. Il consigne avec la même curiosité les nouveaux produits qu'il découvre et les nouvelles espèces qu'il rencontre ; l'aventure est autant scientifique que culinaire.

Lors de son voyage, Darwin fait de longues expéditions d'observation sur la terre ferme qui sont l'occasion pour lui de décrire la faune et la flore. Quand il observe une espèce, il ne manque pas de faire aussi une remarque sur ses qualités gustatives : sur les pluviers, il écrit que « les œufs de ces oiseaux font, dit-on, un manger très délicat » ; à propos de l'arum sauvage, il précise que « les racines cuites sont très bonnes à manger et les jeunes feuilles sont meilleures que les épinards » ; quant aux énormes crabes de cocotier de Malaisie, « ils sont très bons à manger ; on trouve, en outre, sous la queue des plus grands une grosse masse de graisse que l'on fait fondre et qui produit quelquefois un bon litre d'huile limpide ».
Loin du Glutton Club, Darwin ne renonce pas à sa toquade estudiantine de viandes étranges ; une fois dégustés, les squelettes, les crânes et les peaux de ces spécimens sont minutieusement classés, numérotés et décrits par le naturaliste avant d'être envoyés à Cambridge. Saveur et savoir guident sa démarche.

En Patagonie, Darwin part à la chasse tous les matins avec son fusil comme il le fait en Angleterre ; il abat des cerfs autochtones dont la peau dégage une odeur nauséabonde, un capybara (ou cochon d'eau, le plus gros rongeur du monde) de presque 100 livres mais dont il note que la chair n'est pas très bonne et même un majestueux condor. C'est après avoir dégusté la chair d'un oiseau qui ressemble à une petite autruche que le scientifique découvre une espèce qui porte encore son nom : le nandou de Darwin.

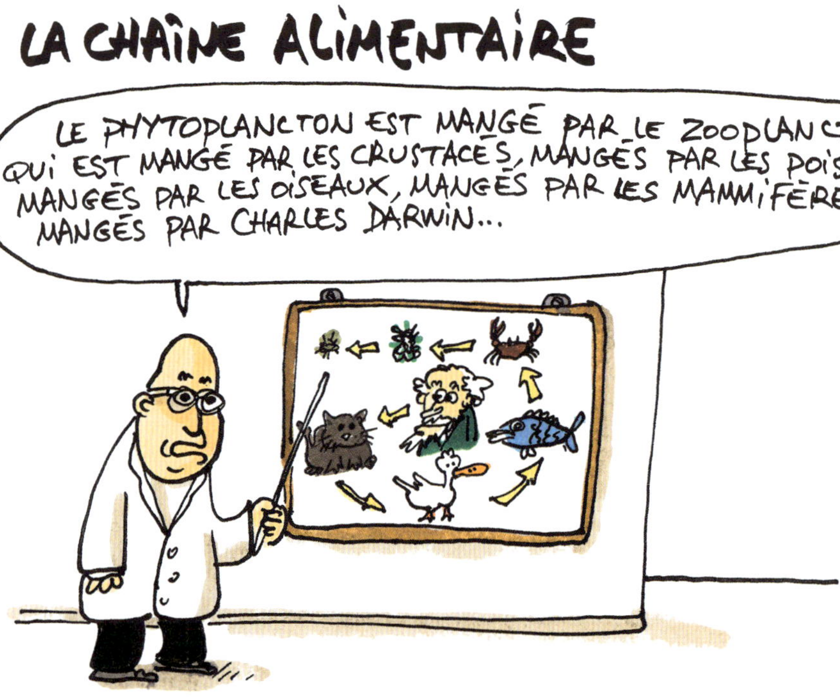

En décembre 1833, l'équipage du *Beagle* célèbre le repas de Noël avec un guanaco (ou lama sauvage) chassé par le naturaliste. En septembre 1835, quand le navire longe les îles Galápagos, l'équipage se délecte de soupe de tortues géantes et d'iguanes grillés. La viande d'autruche « a le goût du bœuf » et celle de tatou, une fois sa carapace ôtée, « a l'apparence et la saveur du canard »; mais le mets préféré de Darwin, c'est la chair d'agouti, un petit rongeur qui est « la meilleure viande que j'aie jamais goûtée », s'enthousiasme-t-il.

Les techniques culinaires découvertes au bout du monde fascinent aussi l'Anglais. Sur les îles Malouines, des *gauchos*, les cow-boys d'Amérique du Sud, lui servent de la *carne con cuero*, soit une viande de bœuf rôtie sur la peau. Un repas pris à la belle étoile, autour d'un feu de camp, arrosé de *maté*, l'infusion d'herbe amère sud-américaine, qui enchante Darwin au point qu'il conseille ses compatriotes de s'y mettre tel un influenceur de la *food* : « Cette viande est aussi supérieure au bœuf ordinaire que le chevreuil est supérieur au mouton. On prend un grand morceau circulaire du dos de l'animal, on le fait rôtir sur des charbons, la peau en dessous : cette peau forme une saucière, aussi ne perd-on pas une seule goutte du jus. Si un digne échevin d'Angleterre avait pu souper avec nous ce soir-là, il va sans dire que la *carne con cuero* eût été bientôt célèbre dans la ville de Londres. »

Pourtant, sa curiosité dévorante a des limites. Un soir dans la pampa, alors qu'on lui sert une viande blanche délicate qu'il croit être du veau, il est soudain frappé d'horreur quand il comprend qu'il s'agit de viande de fœtus de puma… De retour en Angleterre le 2 octobre 1836, Darwin travaille d'arrache-pied sur ses prélèvements et ses observations et compose l'œuvre qui va bouleverser la science moderne : *L'Origine des espèces*, parue en 1859. À son arrivée à Cambridge, ses vieux amis de festin lui proposent d'organiser un dîner de retrouvailles du Glutton Club, mais ce repas n'aura jamais lieu et Darwin souffrira jusqu'à la fin de ses jours de fortes douleurs d'estomac qui le font renoncer aux viandes saugrenues.

Le naturaliste gardera un souvenir ému de ces agapes de jeunesse et de ces repas avec ses amis qu'il loue comme étant « les meilleurs systèmes digestifs de tous les hommes du Royaume-Uni ». À l'instar du Glutton Club, d'autres sociétés de nourritures exotiques sont créées tels le Club d'Ichtyophagie à New York, en 1880, qui réunit un groupe de journalistes, écrivains et pêcheurs dans le but de manger des espèces de poissons rares : requin, dauphin, alligator… ou les Sociétés d'acclimatation de Paris ou Londres qui tentent d'implanter au XIXe et au XXe siècle les produits des colonies comme le riz mais aussi les œufs d'autruche ou les tortues marines. Heureuse mondialisation du goût ou voracité proprement impérialiste qui dévore les vivants ?

MANGER AVEC LES ESCLAVES DANS LE SUD DES ÉTATS-UNIS

AUTANT EN EMPORTE LE VENTRE

(1824-1861)

Dans le système de violence infligée par leurs maîtres blancs aux presque 4 millions d'esclaves noirs des États-Unis en 1860, la nourriture constitue une arme de soumission terrible. Obligées de ruser pour s'alimenter, les cuisinières noires des plantations mêlent les traditions indigènes, africaines et européennes qui donnent naissance, dans la douleur, à la* soul food*, cette gastronomie typique du sud du pays.

La culture du coton, de la canne à sucre, du riz ou du tabac soumet les esclaves à un travail harassant du lever au coucher du soleil. Pour faire régner la discipline, le Code noir autorise légalement le maître blanc à infliger toutes sortes de punitions à ses esclaves noirs : flagellations publiques, mutilations mais aussi privation de nourriture. Dans ses autobiographies, l'écrivain abolitionniste et esclave affranchi Frederick Douglass insiste sur la soumission par la faim imposée par son ancien maître du Maryland à ses 400 esclaves : « Nous n'avions pas une allocation de nourriture régulière. Nos aliments se composaient de farine grossière et bouillie qu'on appelait *mush*. On la versait dans une espèce de grande auge de bois qu'on mettait à terre. Puis on appelait les enfants, comme on appelle les pourceaux, et ils accouraient comme autant de petits cochons pour dévorer le *mush*, tantôt mêlé de coquilles d'huîtres, tantôt mêlé de cailloux ; quelques-uns mangeaient avec les mains, mais pas un seul n'avait une cuillère. Celui qui mangeait le plus vite en avait davantage ; celui qui était le plus fort s'emparait de la meilleure place ; bien peu étaient rassasiés en quittant l'auge. »

Douglass démonte l'argument des anti-abolitionnistes selon lequel les esclaves afro-américains sont mieux nourris que les travailleurs pauvres européens. En vérité, les rations très insuffisantes consistent en une allocation mensuelle d'un boisseau de mauvais maïs, de porc gras mariné et de harengs de piètre qualité dans la plantation où grandit Douglass. Pourtant, certains esclaves sont mieux nourris que d'autres : un groupe de serviteurs noirs choisis pour leur loyauté ont le droit d'attendre la fin du repas à la table de la *big house*, la demeure des maîtres, afin de glaner des restes de viandes choisies, de beaux poissons, de plateaux de fruits, d'asperges, de céleri et de chou-fleur, de fromage, de beurre, de crème et les meilleurs vins et eaux-de-vie de France. Douglass ajoute que ces serviteurs constituent « une sorte d'aristocratie noire ». Cette mise en concurrence pernicieuse des esclaves par la nourriture est un dispositif de soumission, un système vicié de punition et de récompense. Et l'auteur de conclure que « la différence entre ces quelques privilégiés et la foule affligée et affamée des esclaves était immense ».

La nuit et le dimanche, jour chômé, les esclaves des plantations cherchent de quoi compléter leur maigre ration alimentaire en chassant, en pêchant, en ramassant des huîtres dans le Maryland côtier ou en cultivant un lopin de terre dans la Louisiane septentrionale. Dans le Sud, la marmite des esclaves, parfois une simple lessiveuse posée sur un brasier, est garnie de *greens*, ces légumes verts qui peuvent être des feuilles de chou frisé, de chou cavalier, des sommités de betterave ou des feuilles de pissenlit. On y met aussi des navets, des aubergines ou des *black eyed peas* (des haricots clairs à œil

noir) qui mijotent lentement avec des herbes sauvages aromatiques tels le souci d'eau et l'asclépiade, empruntés aux cuisines amérindiennes. Pour y apporter du gras, les cuisiniers ajoutent un morceau de lard. Les esclaves noirs apprécient ce *potlikker* (ou *pot liquor*), l'eau de cuisson des légumes concentrée en parfums et en nutriments qui reste au fond de la marmite après cuisson. On écope ce bouillon avec du *cornbread*, un pain de maïs cuit à la cendre entre deux feuilles de chou cavalier, héritage culinaire amérindien. La farine de maïs servait aussi à faire des *hoecakes* (sorte de pancakes), des muffins ou des gaufres. La patate douce, originaire du Nouveau Monde, est un autre symbole de la cuisine des esclaves, une denrée sucrée, abondante et facile à rôtir. D'ailleurs, sa ressemblance avec l'igname est étonnante : cet autre tubercule originaire d'Afrique est très présent dans la cuisine du sud des États-Unis, où il est un souvenir douloureux de la traite négrière. Pendant la mortifère traversée de l'Atlantique, c'est la principale subsistance disponible dans les bateaux négriers : le marchand d'esclaves Jean Barbot faisait déjà remarquer au XVIIe siècle qu'un bateau qui accueille 500 esclaves doit prévoir plus de 100 000 ignames.

Dans le potager sudiste, on trouve également l'okra, ou gombo, un légume vert allongé et pointu dont le mucilage sert à épaissir les soupes et donne son nom à un ragoût en Louisiane. En Caroline du Sud, les esclaves utilisent les graines de l'okra comme succédané du café. La cacahuète est préparée en soupe ou en bouillie, de même que le sésame, que l'on consomme grillé, sans parler du riz, très présent dans le régime alimentaire local et sans doute arrivé de Madagascar en Caroline du Sud en 1685. Pour ce qui est des fruits, les pastèques, très appréciées en été, sont appelées populairement « jambons d'août »; mais ce fruit charrie aussi une connotation raciste aux États-Unis car après leur libération, de nombreux esclaves noirs ont gagné leur vie en cultivant et vendant des pastèques. Se sentant menacés par l'émancipation des Noirs, les Blancs du Sud ont fait peser sur ce fruit la charge de leurs stéréotypes négrophobes.

Quand elles ne cuisinent pas pour les leurs, les esclaves habiles aux fourneaux (principalement des femmes) doivent cuisiner pour les maîtres. C'est le cas notamment à l'occasion du repas du 4 juillet, fête nationale des États-Unis : ce jour-là, d'après divers témoignages, une sorte de compétition de barbecue a lieu entre plantations voisines, et les meilleures cuisinières noires sont réquisitionnées pour faire montre de leurs talents. Des barbecues pour les Blancs préparés par des Noirs au cours desquels les esclaves démontrent l'étendue de leur savoir-faire, de la boucherie à la cuisson à la braise, en passant par le fumage, le séchage et les sauces. Les pièces de porc, la viande du Sud par excellence, sont mises à griller lentement sur des bois choisis et arrosées fréquemment d'une sauce puissante au piment rouge fumé, à la mélasse et au vinaigre, lointain souvenir de la cuisine ouest-africaine.

L'art subtil du barbecue a sans doute été perfectionné par des mains d'esclaves noirs du sud des États-Unis en partant d'une technique empruntée aux indigènes car le barbacoa vient des Taïnos de Cuba. Les cuisinières font aussi de la pâtisserie et préparent le Lady Baltimore Cake, un gâteau spongieux en couches garni de fruits et glacé à la crème, ainsi que les gâteaux à la mélasse et les puddings que recense un livre de cuisine de 1824, *The Virginia House-Wife* signé Mary Randolph. Épouse d'un riche planteur de tabac, elle établit 500 recettes de la cuisine du Sud aux inspirations multiples : on y trouve des préparations à base de gombo, de patate douce et de tout ce que donne le potager sudiste – elle conseille d'ailleurs de ne pas trop cuire les asperges et les épinards pour ne pas les détruire. On y trouve du poulet frit, de l'esturgeon bouilli, une daube de bœuf, pléthore de pickles mais aussi des recettes de limonade, de curry et une préparation appelée Dough Nuts, les célèbres donuts qualifiés de « gâteaux yankees ». Elle publie également les toutes premières recettes de glaces : à la vanille, à la fraise, à la noix de coco, et même une glace à l'huître ! Pour ce faire, Randolph conçoit un prototype de réfrigérateur composé de deux boîtes gigognes avec, entre les deux, de la poudre de charbon, le tout garni de glace quotidiennement. Les 19 rééditions de ce livre jusqu'à la guerre de Sécession de 1861 attestent de son immense succès ; pourtant, les spécialistes estiment que malgré les talents certains de madame Randolph, le gros du travail en cuisine est fait par ses esclaves, des femmes noires qui épluchent, cuisent, assaisonnent et dressent les mets. L'influence de ces grandes cuisinières anonymes sur la cuisine de Mary Randolph a sans doute été décisive car codifier des recettes à l'écrit et avoir la connaissance pratique de leur réalisation, ce sont deux choses différentes – surtout quand on sait qu'en 1860, 95 % des esclaves étaient analphabètes. Des générations d'esclaves noires ont perfectionné les tours de main ayant donné naissance à la cuisine du Sud, cette gastronomie régionale qu'on appelle aujourd'hui la *soul food*. Une « nourriture de l'âme » rescapée de l'enfer.

MANGER À PARIS SOUS LE SIÈGE DE 1870 ET LA COMMUNE

LE TEMPS DES QUEUES DE CERISES

(1870-1871)

Paris, septembre 1870. Napoléon III est défait par les Prussiens qui se ruent sur la capitale et l'assiègent. Paris la résistante, la républicaine, enclavée dans un pays monarchiste, est coupée du monde. Commencent alors de longs mois d'un blocus qui va affamer les 2 millions d'habitants de l'époque. La faim ayant de l'imagination, c'est un étrange bestiaire qui défile alors dans leurs marmites…

Rapidement, le ventre de Paris se vide car après la défaite de Sedan, les Prussiens avancent sur la capitale et coupent les trains de ravitaillement. En réaction, une organisation autogestionnaire se met en place afin d'alimenter la population. Les stocks de blé permettent d'assurer un rationnement à peu près normal les premiers mois, des moulins de fortune sont même érigés pour moudre tout ce grain, mais c'est la viande qui vient à manquer. Or les Parisiens, très portés sur le bifteck, le lard et les abats, voient d'un mauvais œil qu'on les rationne à 60 grammes de viande par jour et par tête de pipe… et même à 30 grammes (os compris) à la fin du siège.

Pourtant, la ville est une immense basse-cour au début de l'automne 1870 : 120 000 moutons, 50 000 bovins, 6 000 porcs ont été entassés dans le jardin du Luxembourg ou sur les Grands Boulevards. Le problème, c'est qu'on manque de fourrage pour les nourrir ; les bêtes deviennent rachitiques et tombent malades, il faut donc les abattre au plus vite afin de les conserver en salaison. Pour stocker toutes ces carcasses, même l'Opéra Garnier, alors en construction, est réquisitionné. Monument de lard lyrique…

Avec la pénurie et des boucheries municipales en saturation, le marché noir est florissant : poules, dindes et porcs clandestins sont vendus à prix d'or sous le manteau, on traverse Paris pour un jambon. Explose aussi la spéculation sur le radis, le poireau ou l'oignon. Et souvent, on vend du chat pour du lapin, du chien pour du mouton…

Face à la famine, on commence à manger tout ce qui bouge : on pêche les poissons de la Seine, de la Marne et du lac du bois de Boulogne. Les Parisiens se mettent à consommer du cheval en masse alors qu'ils s'imaginent mal passer les canassons à la casserole avant 1870. Mais quand on a faim, on ne fait pas la fine bouche : 70 000 équidés sont abattus dans la capitale, dont on fait des boudins, des andouilles, des saucissons… C'est à cette époque que se popularise la boucherie chevaline que l'écrivain Théophile Gautier, à Paris pendant le siège, nomme avec effroi l'acte d'« hippophagie ».

Le Paris de la fin du XIXe est une ville en expansion accélérée qui voit sa population doubler en vingt ans. Alors quand toutes ces bouches ont fini de ronger les sabots, elles mettent la main sur les chiens et chats errants, les moineaux et pigeons des rues. Bientôt, un marché aux rats s'organise sur la place de l'Hôtel-de-Ville et des vendeurs de rongeurs improvisent des étalages sur les trottoirs. Le cuisinier Thomas Genin les prépare en terrine avec une farce de chair et de graisse d'âne. On vend des conserves de pâté de souris… avec la peau. La romancière Zénaïde Fleuriot raconte que les dames prenaient leur chien fermement dans leurs bras quand elles sortaient de peur de se les faire chiper et que Biscotte ne finisse en ragoût... Bref, on fait gastronomie de tout morceau, au point qu'un recettier de pénurie intitulé *La Cuisinière assiégée* est établi par une femme de ménage anonyme et inventive. Et Victor Hugo de noter dans ses mémoires : « Ce n'est même plus du cheval que nous mangeons. C'est peut-être du chien ? C'est peut-être du rat ? Je commence à avoir des maux d'estomac. Nous mangeons de l'inconnu. »

Animaux du zoo et animaux de la zone : tout y passe. Le journaliste Francisque Sarcey rapporte que l'on tue les bêtes des Jardins des plantes et d'acclimatation. D'abord les oies, poules, cerfs ; puis les yaks, zèbres, buffles ; enfin les antilopes, sangliers, rênes ; et finalement Castor et Pollux, les deux célébrissimes éléphants, mascottes des Parisiens. Fin décembre, il n'y a plus un animal dans les jardins de la ville...

Les bouchers des beaux quartiers mettent le grappin sur les meilleurs morceaux. Edmond de Goncourt raconte qu'une trompe d'éléphant est accrochée chez Ross, le boucher anglais du boulevard Haussmann qui vend aussi des rognons de chameau. Et les grands restaurants se font une joie de cuisiner ces viandes de fantaisie, comme le très chic Café Voisin, sis alors 261 rue Saint-Honoré. Son illustre chef Alexandre Choron (qui donne son nom à une sauce, une béarnaise à la tomate) déroule, le soir du réveillon de Noël 1870, soit au 99e jour du siège, un menu au long cours hallucinant qui concurrence l'arche de Noé et comprend :

Hors-d'œuvre : Beurre, radis, tête d'âne farcie, sardines
Potages : Consommé d'éléphant
Entrées : Le chameau rôti à l'anglaise, le civet de kangourou,
Côtes d'ours rôties sauce poivrade
Rots : Cuissot de loup, sauce chevreuil, Le chat flanqué de rats,
La terrine d'antilope aux truffes

Bientôt, il n'y a même plus de pain. L'aliment de base des Parisiens est rationné par la ville de Paris : 300 grammes par jour et par personne, 50 grammes pour les enfants. Malgré ces mesures, la farine de blé manque cruellement et les pains prennent des aspects et des couleurs peu ragoûtants. Les témoins de l'époque en parlent avec dégoût : certaines miches sont gris bleuâtre pareilles à de la cendre diluée dans l'eau, d'autres sont jaunes terreuses ou grises... Émile Zola en garde un indigeste souvenir qu'il décrit dans son roman *La Débâcle* publié en 1892 : « Depuis que le blé manquait, le pain, fait de riz et d'avoine, était un pain noir, visqueux, d'une digestion difficile. » Charles Péguy lui-même est convaincu que le cancer de l'estomac qui tue son père alors qu'il est encore nourrisson est dû à l'ingestion de ce pain de malheur.

Mangez-vous les uns les autres ! C'est ce que préconise ironiquement le fantasque Paulin Gagne, poète et fou littéraire du temps, qui en appelle à la « philantropophagie », vaste projet de « manducation fraternelle de l'homme par l'homme ». Comme le grand auteur dublinois Jonathan Swift avant lui, Gagne dénonce sur le ton de l'humour noir la misère parisienne sous le siège et l'attitude veule des élites de la capitale pendant l'événement. Il ne faut pas réduire Paulin Gagne à ses provocations cannibales, lui qui défendit aussi des idées végétariennes dans son poème *La Carotte universelle*, qui est une parodie légumière de *La Marseillaise* et qui scande : « Allons enfants de la carotte / Le jour de gloire est arrivé [...] / Aux armes, carottiers, formez vos bataillons, / Marchons, marchons, que la carotte inonde nos sillons »...

L'armistice du 28 janvier 1871, bien qu'elle relâche la pression alimentaire, est insupportable aux Parisiens. Ils se soulèvent pour mener une expérience libertaire qui durera 73 jours : la Commune. Sa grande ambition ? « Changer la vie » selon le mot de Rimbaud. La changer dans tous ses aspects, y compris alimentaire, grâce à une cantine ouvrière : La Marmite. Fondée en 1868 par les grand(e)s communard(e)s Nathalie Lemel et Eugène Varlin, elle œuvre pour « fournir au prix de revient une nourriture saine et abondante à consommer sur place ou à emporter ». Les Marmites essaiment rapidement dans Paris. Sur la carte, on dégote de bonnes gamelles prolétaires avec potage, ragoût, bifteck ou roquefort à pousser de picrate. « Des repas modestes, mais bien accommodés » où « la gaîté régnait autour des tables » d'après le poète révolutionnaire Charles Keller qui les fréquente. On y cause également politique et on entonne des chants rouges avec le coup de rouge... Les Marmites nourricières mourront avec Eugène Varlin, lynché en 1871 pour avoir défendu la dernière barricade de la Commune rue de la Fontaine-au-Roi, dans le 11e arrondissement.

L'expérience autogestionnaire finit en massacre en mai 1871 : répression sauvage et exécutions sommaires de la part des troupes d'Adolphe Tiers, condamnations à mort ou au bagne; la grande boucherie parisienne n'épargna pas les hommes et les femmes du peuple. Un drame inscrit dans la mémoire populaire, notamment dans la chanson contestataire *Paris pour un beefsteak*, composée par Émile Deureux et publiée dans le journal d'Auguste Blanqui afin de dénoncer la reconnaissance du ventre du défaitisme pro-prussien :

« Grâce aux Prussiens, nous mangerons des œufs.
Je veux demain recevoir à ma table
Trois Bavarois, et je veux qu'on soit gris...
Vive la paix ! la Patrie est au diable !
Pour un beefsteak, on a rendu Paris.
Vive la paix ! la Patrie est au diable !
Pour un beefsteak, on a rendu Paris. »

MANGER EN INDE AVEC GANDHI

FINIS TON ASCÈTE !

(1869-1948)

En Inde, le système des castes est intimement lié à la manière de manger. Végétarienne par obédience, la caste supérieure des brahmanes ne peut accepter de la nourriture des castes inférieures sous peine d'être touchée par leur impureté selon la tradition hindoue. Dans le cas de Gandhi, son alimentation non violente guide son action politique.

Le pur et l'impur structurent l'organisation sociale indienne en même temps que sa cuisine. Le plus haut degré de pureté alimentaire est le végétarisme pratiqué par les castes *(varnas)* les plus élevées qui renoncent à la viande, de vache particulièrement. Le *Mahabharata*, l'épopée sanskrite millénaire, est formelle sur ce point : « Le refus de la viande est le plus grand refuge de la religion, du ciel, et du bonheur. »

Un interdit confirmé par les Lois de Manu (IIe siècle), traité de lois hindouistes qui fait autorité :

« Ce n'est qu'en faisant du mal aux animaux qu'on peut se procurer de la viande ;
et le meurtre d'un animal ferme l'accès du Paradis ;
on doit donc s'abstenir de manger de la viande. »

En toute rigueur, se régaler de viande, c'est aller contre le *dharma*, l'ordre cosmique et religieux, c'est une activité qui est « la coutume des démons ». Les ascètes jaïns refusent même de donner la mort à des légumes-racines comme les oignons, les pommes de terre ou les carottes. Dans les faits, il y a des degrés d'impureté dans les nourritures carnées et les petits arrangements avec le menu sont infinis, comme se lamentait Indira Gandhi (1917-1984), la fille du premier ministre Jawaharlal Nehru, quand elle devait organiser un repas officiel : « Il y a des non-végétariens qui sont végétariens certains jours de la semaine, il y a des végétariens qui mangent des œufs, d'autres du poisson, et il est arrivé un jour qu'un hôte distingué, qui se déclarait lui-même végétarien, finisse par manger de tout, sauf du poulet. »

Dans les conceptions de l'Inde traditionnelle, cuisiner implique de mettre en péril la pureté de ce qui est transformé, mais aussi de celui qui le mange. Un individu est donc toujours plus pur avant de prendre un repas qu'après. En théorie, seuls les brahmanes seraient à même de cuisiner car la nourriture ne peut se partager que du haut vers le bas de l'échelle sociale, et non en sens inverse. Manger est donc vu comme un acte à haut risque. La cuisine, liée au feu, est un sacrifice qui fait l'objet de rites très stricts : on distingue le « cru » du « peu cuit », ou *kacca* (comme le riz bouilli à l'eau par exemple), et du « très cuit » ou *pakka* : ces derniers aliments, frits dans le beurre clarifié indien (appelé *ghee*, substance tenue pour parfaitement pure), sont considérés comme exempts de toute souillure – d'où le fait que l'on trouve dans les buffets de gare ou les stands de rue ambulants beaucoup de snacks frits comme les samoussas ou les pakoras, ces beignets croustillants que tout un chacun peut manger sans risquer de se souiller. Cette pollution du corps et de l'âme, Mohandas Karamchand Gandhi en fait l'expérience traumatisante au cours de ses années de lycée. Le militant politique de la non-violence, grande figure de l'indépendance indienne, relate dans ses mémoires (dans les chapitres intitulés « Tragédie ») cet épisode en détail : le jeune garçon alors âgé de 15 ans, élevé dans une tradition végétarienne stricte, se lie d'amitié avec un camarade qui le convainc de manger de la viande. Son argument est nutritionnel et politique : si les Indiens sont sous domination coloniale des Anglais, c'est que ces derniers sont des mangeurs de viande. Cet aliment les rend forts et sains, ils n'ont d'ailleurs ni furoncles ni tumeurs et guérissent rapidement. C'est clair : c'est parce qu'ils sont végétariens que les Indiens sont dominés... Un petit poème circule à l'époque sur ce thème :

« Regardez le puissant Anglais
qui asservit l'Indien chétif,
c'est parce qu'il est grand carnivore
qu'il mesure 3 mètres de haut. »

Impressionné par ce discours autant que par la carrure de sportif de son camarade, le frêle adolescent timoré qu'est Gandhi à l'époque accepte de le suivre, en cachette, près de la rivière. Là, pour la première fois de sa vie, il goûte de la viande : de la chèvre dure comme du cuir que le jeune Mohandas n'arrive pas à avaler. Il n'en faut pas plus pour que de terribles cauchemars viennent le hanter la nuit : il a la sensation qu'une chèvre agonisante bêle en lui. Le camarade tentateur n'en démord pas et invite son influençable ami à une demi-douzaine de dîners carnés pendant un an dans un restaurant de leur ville. Rongé par la culpabilité de mentir à sa mère, l'adolescent se ressaisit et reprend le droit chemin d'un régime sans viande. Ces expériences changent Gandhi à jamais : d'un végétarisme religieux subi et hérité, il passe à un végétarisme éthique, par choix, conscient de la souffrance animale et des inepties sur les vertus prétendues du viandisme.

Pourtant, les années de formation de Gandhi sont jalonnées de carnivores prosélytes qui tentent de le détourner de son vœu végétarien. Dans le bateau qui le conduit en Angleterre pour y faire ses études de droit, alors que le jeune Indien ne se nourrit que de sucreries et de fruits dans sa cabine, un passager britannique lui assure qu'il est impossible de survivre au froid climat anglais sans manger de viande. Un soir à Londres, un ami blanc l'invite au Holborn Restaurant; Gandhi demande au serveur si la soupe qui est servie en entrée est bien végétarienne, ce qui met son ami, puissance invitante, dans une colère noire : « Vous êtes trop grossier pour une société policée », le houspille-t-il avec un colonial mépris. Gandhi comprend vite que son végétarisme est un obstacle qui le marginalise socialement et l'empêche de manger à sa faim car les plats de légumes sont souvent fades et tristes sur les tables omnivores. En 1888, dans un restaurant végétarien de Farringdon Street, il tombe sur un livre qu'il achète pour un shilling : le *Plaidoyer pour le végétarisme* de Henry Stephens Salt, auteur social, pacifiste, précurseur du bien-être animal et de la réforme des abattoirs. Cet ouvrage impressionne beaucoup Gandhi ; il constitue pour lui, écrit-il, « [son] premier repas copieux depuis [son] arrivée en Angleterre ». La lecture de Salt donne un fondement moral à son végétarisme, dont la propagation devient pour lui une « mission » à accomplir. Ce livre et quelques autres font évoluer la diète de Gandhi : rationalisant la question alimentaire, il en vient à renoncer aussi aux œufs et au lait – il ne déroge qu'une seule fois à son vœu : en 1903, alors qu'il est très malade, il est contraint par son médecin à boire du lait de chèvre pour restaurer sa santé… Il arrête aussi les épices et les condiments, de même que le thé et le café, considérés comme nocifs, et leur préfère le cacao. Cette épiphanie alimentaire lui fait savourer comme un mets délicieux de simples épinards bouillis sans rien car, écrit-il, « de telles expériences m'ont appris que le véritable siège du goût n'est pas la langue mais l'esprit. »

Gandhi ne tarde pas à devenir membre du comité exécutif de la Société végétarienne de Londres et à créer son propre club végétalien dans le quartier de Bayswater. Son régime alimentaire idéal est composé de fruits frais et de noix. Cette non-violence inspire son activisme car si, pour lui, la frugalité est un idéal éthique, la faim est une arme politique. Une fois rentré en Inde, Gandhi utilise les grèves de la faim pour soutenir ses causes et faire basculer des situations : en février 1918 pour soutenir la grève des ouvriers des filatures ; en 1924 pour s'opposer aux conflits entre hindous et musulmans ; en 1932 pour exiger le maintien des intouchables, les hors castes, dans le corps électoral ; en 1933 pour soutenir la cause de ces mêmes intouchables. Il entame son dernier jeûne politique en 1948, à l'âge de 78 ans, pour obliger son propre gouvernement à payer ses dettes au Pakistan après l'indépendance ; le Mahatma Gandhi rompt cette grève de la faim en buvant un jus d'orange avant d'être assassiné quelques jours plus tard par un nationaliste hindou n'ayant pas digéré sa politique.

N'en déplaise aux ascètes, toute la nourriture indienne n'est pas brahmanique. L'autre grande cuisine de l'Inde est musulmane, celle héritée de l'Empire moghol venu du nord qui a enrichi la cuisine de la région de son *kebab*, de son *tandoor* (le four traditionnel), de son *kefta* (la viande hachée aux œufs), de son riz pilaf, de son *sharbat* (l'ancêtre du sorbet). En retour, la cuisine moghole s'est indianisée en adoptant la mangue par exemple. Des syncrétismes religieux et culinaires que l'on retrouve aussi dans les *massalas*, ces mélanges d'épices variées qui sont la base de tant de plats en sauce. Hindous, musulmans, chrétiens, sikhs ou jaïns : plus on est de fous, plus on curry.

MANGER AVEC LES POILUS EN 14-18

VOUS REPRENDREZ BIEN UNE TRANCHÉE ?

(1914-1918)

En août 1914, la France entre dans le premier conflit mondial et l'effort de guerre devient la priorité nationale. Les presque 4 millions de soldats mobilisés alors impliquent une quantité d'aliments immense et un approvisionnement à flux tendu qui n'arrive pas à nourrir correctement les poilus, jetés en pâture dans le grand carnage de la guerre…

Persuadé que la guerre sera courte, le haut-commandement de l'armée sous-estime la question du ravitaillement. En 1914, la ration journalière du soldat est composée de 700 grammes de pain ou de biscuits, 600 grammes de viande, 100 grammes de légumes secs ou de riz, du sel, du poivre et du sucre, et 24 à 36 grammes de café. D'après les calculs de l'armée, chaque soldat doit bénéficier de 3 200 calories par jour ; dans les faits, on est loin du compte et au début de la guerre, les poilus doivent se débrouiller pour se préparer leur maigre tambouille, chacun transportant ses ustensiles de fortune dans son barda.

« Tu me demandes ce que nous mangeons. Dans la semaine en moyenne deux fois
de la soupe aux pois à la couenne de lard, deux fois du bouillon de riz sucré,
une fois des haricots verts et une fois de la soupe de riz avec de la viande de bœuf.
On mange à même le couvercle de notre casserole de fer,
et j'ai toujours dans ma poche ma cuillère, juste essuyée à l'aide de papier. »

Il faut attendre 1915 pour que les cuisines roulantes fassent leur apparition sur le front, avec leur cheminée fumante et leur grande louche crasseuse. Un soldat-cuisinier prépare alors des repas chauds pour l'ensemble de sa compagnie, avec les moyens du bord et ses compétences souvent rudimentaires : le « rata » qu'il cuisine, mélange de légumes et de viande entre la soupe et le ragoût, ne parvient pas à remonter le moral des troupes : « Comme nourriture nous avons à 10 heures du bouillon dont le goût de suif nous empêche de le boire et du bouilli. Le soir du singe avec des patates en sauce. Rien n'est appétissant », note ce poilu dans son carnet. Le « singe », dans l'argot des poilus, c'est la viande en conserve (ou corned-beef) distribuée dans la musette du soldat et dont on ne sait si elle est à base de chair de bœuf ou de primate… Des repas dégoûtants qui sont décrits dans un petit manuel de 1916 par un médecin dénonçant le manque d'hygiène de ces cuisiniers de fortune qui laissent traîner les vivres par terres, au milieu des immondices, d'où les « fermentations productrices d'une écume effervescente au sein des marais de lentilles, des parfums inédits tels que le pétrole assaisonnant plusieurs repas successifs… ». Dans ces conditions, les contaminations et empoisonnements ne sont pas rares. Le pain, qui est la base alimentaire du combattant, devient de plus en plus foncé à mesure que la guerre dure. Les Allemands doivent même manger leur K.K. *(Kriegs Kartoffelbrot)*, ce pain noir de guerre lourd et indigeste composé de pommes de terre (avec la peau) dont la propagande française se moque avec un humour potache.

Pour égayer un peu leur quotidien, les familles des combattants leur envoient des colis garnis de victuailles. La réception de ces paquets alimentaires est un moment de fête et de partage car si le front est un lieu de mort, il est aussi un lieu de rencontre qui a vu

défiler 8 millions d'hommes des quatre coins de la France et des confins de l'empire colonial. Les spécialités régionales font découvrir la richesse gastronomique du pays aux soldats qui goûtent, d'après les archives, le pain d'épice de Pithiviers, le miel du Gâtinais, le confit d'oie du Gers, l'andouille de Quimper, le beurre de Bretagne, la pogne de Romans, le picodon de la Drôme caché dans une chaussette ou le saucisson du Lot-et-Garonne enveloppé dans le journal local… Parmi les mobilisés, 600 000 soldats viennent d'Algérie, du Maroc, de Tunisie, du Sénégal, d'Indochine, de Cochinchine, de l'Annam, du Tonkin, du Cambodge ou des Antilles, et l'armée décide, avec plus ou moins de fortune, d'adapter les rations aux us alimentaires des uns et des autres : sans porc ni alcool, avec de la semoule de blé plutôt que du riz… L'armée distribue même du nuoc-mâm, des thés annamites, des piments ou des dattes.

Les longs moments de cafard dans les tranchées sont momentanément dissipés pendant ces repas extraordinaires. En cantonnement loin du front, il arrive même que des festins soient organisés, comme celui de la très explicite Société pour la destruction des Boches : au menu ce 12 décembre 1915, huîtres, potage de vermicelles, sardines et beurre, civet de lapin, haricots beurre, dinde aux marrons, salade, fromages, pruneaux, pâtisseries, café et liqueurs. L'occasion de se bâfrer pour les soldats faméliques, parfois jusqu'à l'excès comme le note le poilu Pierre Grison dans ses carnets à propos d'un camarade en 1915 : « Repas plantureux, huîtres et vin du Rhin. Effet désastreux sur l'estomac de Mussat qui est obligé de rendre les armes [« vomir » en argot des poilus] à plusieurs reprises. »

À l'arrière aussi, la pénurie se fait sentir. Les recettes de cuisine par temps de guerre abondent dans la presse et les manuels d'économie domestique : omelettes sans œufs, remplacés par de la pomme de terre, fromages sans lait, roboratifs beignets à rien… Les ersatz et produits industriels font leur apparition, comme les œufs évaporés Layton, des œufs déshydratés en granulés ou le chocolat en poudre Banania. Les aliments en conserve, omniprésents dans la musette du soldat, se popularisent pendant la Première Guerre, du pâté de porc Hénaff aux sardines en boîte Saupiquet. Un autre produit, en revanche, devient la cible de l'antigermanisme du temps : le bouillon KUB, présent dans des millions de cuisines françaises depuis 1908, est accusé d'être au service des Allemands avec le K initial de son nom, preuve flagrante de sa germanité d'après le complotisme ambiant. La société Maggi, qui fabrique les cubes de jus de viande déshydraté, est soupçonnée de cacher des espions du Kaiser. La rumeur va tellement loin qu'on cible les affiches publicitaires pour les bouillons KUB présentes le long des voies ferrées en France, accusées d'être en fait des panneaux indicateurs servant à guider les troupes allemandes vers Paris !

Sous les obus, parmi la boue, les rats et la vermine, la soif est encore plus inclémente que la faim. Pour tenir le coup, les soldats se réfugient dans l'alcool car ils sont abondamment abreuvés en vin par la hiérarchie militaire. C'est en 14-18 que le vin finit d'acquérir son statut de breuvage patriotique : vu comme une boisson hygiénique et vivifiante, le « saint Pinard » ou « père Pinard » permet aux soldats de s'assommer pour oublier leur sort ou de se donner du courage au moment de l'assaut. Impossible pour le poilu de « déjeuner à la mode des lapins », c'est-à-dire de prendre un repas sans boire en argot, alors le haut-commandement se débrouille tout au long de la guerre pour faire couler une rivière de vin sur le front : en 1914, le soldat a droit à 25 cl par jour en 1914 (+ 6,25 cl d'eau-de-vie), ration qui va passer à 50 cl en 1916 puis à 1 litre en 1918 – sans compter les bouteilles achetées sous le manteau. Cette piquette rouge, tantôt âpre et râpeuse, tantôt aigre et piquante, titre à 8-9 degrés et provient d'Algérie ou du Languedoc en quantités énormes. L'alcool permet une désinhibition et une brutalité au combat dont l'armée use pour envoyer 1,3 million de paysans et d'ouvriers au casse-pipe pendant ce conflit. Une politique d'alcoolisation massive est sciemment entretenue par les autorités. Après 1918, le vin est glorifié par la propagande, et le maréchal Pétain, encore considéré comme un héros dans les années 1930, écrit alors que « de tous les envois faits aux armées au cours de la guerre, le vin était assurément le plus attendu, le plus apprécié du soldat. Pour se procurer du pinard, le poilu bravait les périls, défiait les obus, narguait les gendarmes. Le ravitaillement en vin prenait, à ses yeux, une importance presque égale à celle du ravitaillement en munitions. Le vin a été pour le combattant le stimulant bienfaisant des forces morales comme des forces physiques. Ainsi a-t-il largement concouru, à sa manière, à la victoire ». Avec le coup de rouge, le camembert normand devient le fromage identitaire par excellence : facile à transporter dans la musette, les soldats consomment, en 1918, la bagatelle d'un million de ces fromages ronds à pâte molle par mois, en attendant la fin de ce terrible carnage, car selon une expression de poilu, la guerre, « c'est comme le camembert, ça ne peut pas durer toute la vie »…

L'argot des tranchées regorge de mots pour dire la faim, la soif et leurs affres : la « barbaque » désigne la (mauvaise) viande ; le « bricheton », c'est le pain ; la « gnôle » et le « tord-boyaux », l'eau-de-vie ; la « becquetance » ou la « jaffre », la nourriture en général. Une langue cassée pour dire l'horreur des gueules cassées.

MANGER AVEC LES FUTURISTES DANS L'ITALIE FASCISTE

NAPPES BLANCHES ET CHEMISES NOIRES

(1920-1930)

En février 1909, paraît le manifeste du futurisme, mouvement artistique iconoclaste qui exècre le passé et exalte le présent. Son tonitruant fondateur, le poète italien Filippo Tommaso Marinetti, y fait l'éloge de la vitesse, de la ville moderne et de l'ère industrielle. Le mouvement se fantasme comme un art total qui prétend englober tous les aspects du réel, y compris l'alimentation : en 1931, Marinetti rédige un* Manifeste de la cuisine futuriste *qui rejette toute la tradition italienne au profit d'une gastronomie innovante, provocatrice et volontiers autoritaire – facho devant !

Dans le texte coup de poing qui inaugure son mouvement en cette toute fin de décennie 1900, Marinetti écrit : « Une automobile de course rugissante est plus belle que la *Victoire de Samothrace.* » Ce dénigrement de la célèbre statue grecque exposée au Louvre concentre en une image les idées des futuristes : pour eux, les canons de beauté classiques sont des vieilleries d'antiquaire (insulte suprême !) conservées dans des musées-cimetières… Au contraire, l'« aéropoète » élève l'aluminium et le moteur à explosion de l'industrie automobile au rang de parangon esthétique. Ses maîtres-mots sont l'audace, la vitesse, la révolte, l'amour du danger, de la violence et la guerre – au point que Marinetti s'acoquine tout naturellement avec le fascisme quand Mussolini prend le pouvoir, en 1922.

À l'aube des avant-gardes, ces fameux « -ismes » qui vont révolutionner les arts (cubisme, dadaïsme, surréalisme…), le futurisme prétend faire table rase de tout, y compris de la table à manger italienne. Celle incarnée par le gourmet romagnol Pellegrino Artusi qui a publié en 1891, *La Science dans la cuisine et l'art de bien manger.* Un manuel qui cherche à fédérer la toute jeune nation italienne autour de 790 recettes de plats régionaux constituant la bible de la cuisine ménagère transalpine, destinée aux classes moyennes. Le livre témoigne de ce que mangent les Italiens au quotidien en ce début de XXe siècle : il regorge de tortellini, de gnocchi, de maccheroni délicieusement accommodés à la manière des diverses provinces du pays – bref, tout ce que Marinetti exècre.

Basta la pastasciutta ! (« à bas les pâtes ! ») : avec ce slogan plein de dégoût, il jette le gant du four à la face de la tradition culinaire. Outrancier comme à son habitude, Marinetti voit les pâtes comme une « nourriture passéiste » accusée de rendre ses compatriotes lourds, bêtes, sceptiques, lents et pessimistes ; se faisant le défenseur du régime sans gluten avant l'heure, il préconise « d'un point de vue patriotique, de favoriser le riz »…

Ce putsch de la casserole éclate le soir du 15 novembre 1930 au restaurant La Penna d'Oca, à Milan. Marinetti déclare vouloir instaurer « une cuisine futuriste pour le renouvellement total du système alimentaire italien, qu'il est urgent d'adapter aux besoins des nouveaux efforts héroïques et dynamiques imposés à la race ». Car depuis l'origine, le projet marinettien est aussi esthétique que civique. Le 28 décembre 1930 paraît donc dans la *Gazzetta del Popolo* de Turin le dernier en date d'une longue série de manifestes commencée en 1909, énonçant les préceptes de cette cuisine nouvelle, approfondis ensuite en 1932 dans l'ouvrage *The Futurist Cookbook.*

Marinetti veut renverser la table. Il bannit le couteau et la fourchette, considérés comme des outils surannés, et revoit l'ordre des plats du service traditionnel; certains aliments servis ne sont pas mangés mais seulement vus ou sentis; l'enchaînement des plats est rapide et les portions sont réduites mais saturées de saveurs; les discussions politiques sont interdites pendant le repas... Les techniques culinaires s'inspirent de la science et la technologie afin de rendre la cuisine ultramoderne : ozoniseurs pour modifier l'odeur des plats; lampes à rayons ultraviolets pour stimuler les vitamines des denrées; électrolyseurs pour modifier la forme des produits; appareils de cuisson sous vide; analyseurs chimiques pour rectifier les sauces...

Le dispositif du repas est pensé comme un *happening* où tous les sens sont sollicités dans un jeu synesthésique : on vaporise du parfum pendant le repas, on passe du Bach mixé à une musique d'aéroplane, les convives caressent diverses textures pendant qu'ils mangent... Prenant un malin plaisir à subvertir la tradition, les futuristes défendent des combinaisons de saveurs considérées comme hérétiques : banane-anchois, chocolat-épinard, mortadelle-nougat, ananas-sardine... La finalité de Marinetti ? Défendre une « nourriture adaptée à une vie toujours plus aérienne et rapide ». Pour cela, il faut libérer la cuisine italienne de sa « vieille obsession du volume et du poids » en réduisant les calories, en allégeant les sauces et les fonds et en valorisant la minceur des corps. Un projet idéologico-diététique qui fait puissamment écho aux thèses mussoliniennes visant à rendre les organismes italiens agiles et mobiles afin de relever les défis de l'ère fasciste : le travail, la guerre, la conquête...

Derrière ses airs ludiques et insolents, la cuisine futuriste produit une pensée politique fasciste du corps. Une théorie qui fait aussi le jeu de Mussolini sur le plan économique : la « bataille du blé » menée par l'État italien depuis 1925, visant à réduire la dépendance nationale vis-à-vis du grain étranger, se trouve renforcée par cette propagande anti-pâtes. À Turin, un restaurant et espace culturel futuriste voit le jour : la Taverna Santopalato (« taverne du Saint-Palais ») qui devient le quartier général des aéropeintres, aérosculpteurs et aéropoètes (et de quelques chemises noires). Cet espace d'acier géométrique est meublé par l'architecte futuriste d'origine bulgare Nikolay Diulgheroff et décoré par les artistes graphiques du mouvement qui ornementent aussi les menus. Le premier déjeuner (dit « aérobanquet ») y est servi le 8 mars 1931 : la clientèle médusée est installée à une table en forme d'avion dont les vibrations des moteurs stimulent l'appétit et où les couverts sont remplacés par des lames de métal, serviettes comprises.

Certains plats futuristes évoquent l'univers industriel comme le « Poulet Fiat » (du nom du célèbre constructeur turinois), une volaille farcie couchée sur des coussins de crème fouetté; « Équateur + Pôle Nord » est composé d'un cône de blancs d'œufs montés en neige et ornés de segments orange figurant les rayons d'un soleil posé sur une mer équatoriale de jaunes d'œufs pochés aux huîtres; d'autres préparations exhibent une puissance sexuelle très fascisante, comme le « Porc excité », un salami cru dressé au milieu d'une mare de café et d'eau de Cologne... Le « Plasticoviande » est sans doute le plat le plus célèbre de la cuisine futuriste : un « pain de viande dynamique » constitué d'un cylindre de veau farci de onze types de légumes verts et couronné de miel, soutenu à la base par un anneau de saucisses reposant sur trois boulettes de viande de poulet. L'accueil de la part du public italien est plus que mitigé : le maire de Naples conteste l'opinion de Marinetti quant aux pâtes en lui rappelant que « les anges du paradis ne se nourrissent que de vermicelles à la sauce tomate ».

Une fumisterie, la cuisine futuriste ? Toujours est-il qu'elle semble ouvrir la voie à la surtransformation spectaculaire de la cuisine « moléculaire » menée par un Ferran Adrià au restaurant elBulli dans les années 1990-2000 : technologisation des procédés (gélification, sphérification, cryogénisation...), accords déroutants, recherche du choc sensoriel... La cuisine d'avant-garde marque l'élévation du cuisinier gastronomique au rang d'artiste au XXe siècle. Reste cependant qu'à la chute du régime du Duce en 1945, plutôt qu'une carcasse de bœuf exposée à l'étal d'une charcuterie de Milan, c'est bien la dépouille du dictateur lynché qui se trouvera pendue à un croc de boucher, épilogue sanglant de 25 ans de tambouille fasciste.

MANGER AVEC STALINE EN URSS

SOVIETS DE TABLE

(1929-1989)

Le « Grand Tournant » de 1929 annoncé par Staline, devenu maître tout-puissant de l'Union soviétique, est censé nourrir tous les travailleurs et travailleuses du pays grâce aux progrès de l'industrialisation. Mais si les cantines d'usines et les livres de cuisine soviétique promettent une utopie d'abondance, la réalité du peuple alterne entre famines meurtrières et pénuries larvées... jusqu'à l'arrivée de la pizza et du burger à Moscou.

L'explosion de la population urbaine a obligé les autorités soviétiques à prendre à bras-le-corps la question alimentaire à la fin des années 1920. Un réseau de cantines installées dans les usines se tisse rapidement, fournissant 750 000 repas en 1928, et presque 15 millions en 1932. Les restaurants privés étant interdits depuis 1918, cette restauration collective bolchevique, intégrée au lieu de travail, doit nourrir mais aussi éduquer politiquement les prolétaires. *La stolovaya* (« cantine ») doit aussi enseigner l'hygiène et les bonnes mœurs, canaliser l'alcoolisme et permettre d'émanciper les femmes de l'esclavage domestique. Sur le papier, les cantines sont un fleuron de l'État protecteur : la propagande véhicule une image idéalisée de la cantine harmonieuse aux tables nappées de frais, décorées de plantes vertes et recouvertes d'une abondante vaisselle. Mais dans les faits, le régime masque mal la terrible pénurie qui accompagne le tournant stalinien en URSS. Les ouvriers s'y rendent souvent contre leur gré, poussés par la faim car il est impossible de trouver à manger ailleurs. Le temps d'attente y est interminable et les repas servis sont peu ragoûtants comme en témoigne Mikhaïl Prichvine à propos d'une cantine moscovite en 1930 : « Les gens font longuement la queue pour payer, puis ils attendent longtemps dans le dos de ceux qui sont assis pour récupérer une place, et puis ils attendent encore plus longtemps qu'une personne épuisée leur apporte une queue puante de poisson salé. »

Les cantines sont bruyantes et insalubres. Un membre du parti de l'usine automobile de Nijni Novgorod dépeint « une véritable porcherie, mais on ne peut pas dire que toutes les porcheries soient aussi sales, beaucoup de porcheries sont beaucoup plus propres »; le sol d'une autre cantine est décrit comme un bourbier dont la « crasse ne pourrait être enlevée qu'à coups de hache ». À cela s'ajoute le manque criant de vaisselle : l'État peine à remplacer les assiettes, verres et cuillères volées par les ouvriers, au point qu'on nomme des « contrôleurs de couverts ». En 1934, dans la cantine de l'usine n° 4 de la ville d'Ijevsk, il n'y a que 36 cuillères pour 400 personnes... Une situation qui oblige les ouvriers à touiller leur thé avec leurs outils de travail et, faute de verres, à boire directement dans les carafes. Le contenu des assiettes est chiche, fade et répétitif jusqu'à la nausée. La formule est composée d'une entrée et d'un plat de résistance où, malgré l'apparente variété des énoncés du menu, le chou revient inlassablement, souvent sous forme de soupe de chou (*chtchi* en russe) en alternance avec le *bortsch* (soupe de betterave), les soupes de pois, de pommes de terre, ou les nouilles au beurre. D'autres fois, c'est la *kasha* (bouillie de millet) et le gruau de sarrasin qui remplissent les gamelles. Les ouvriers se plaignent de devoir se nourrir de bouillies trop acides ou de patates infâmes; le plat de résistance contient parfois du poisson, trop rarement de la viande de bœuf ou de porc et presque jamais de produits laitiers. On boit du thé en quantité, le café manque, parfois on boit du Citro, une limonade russe ou de la *kompot*, une infusion froide de fruits et de baies. Les cuisiniers sont mal formés et les conditions de conservation des denrées sont calamiteuses : sur les 11 tonnes de poisson que reçoit enfin l'usine de Nijni Novgorod à l'été 1934, 8 tonnes pourrissent et finissent à la poubelle. Pire encore, les ouvriers se plaignent de trouver des fientes de rat dans les pâtes, des morceaux de verre dans les lentilles, des araignées dans la soupe au chou… Les représentants du parti désignent un coupable tout trouvé : ce sont là des actes de malveillance de l'ennemi de classe ! Ces scènes dantesques provoquent de fréquentes intoxications alimentaires et poussent bon nombre d'ouvriers à déserter les cantines d'usine; elles devaient être des laboratoires de la modernité communiste mais le gouffre entre la promesse et la réalité est abyssal. Malgré le discours officiel, « la grande faim » touche tout le pays. En Ukraine, c'est même une extermination par la faim (*holodomor* en ukrainien) qui fait 4 millions de victimes entre 1932 et 1933. Staline, avec l'aval du Politburo, organise sciemment et en secret une terrible famine pour punir les paysans ukrainiens qui refusent la collectivisation des campagnes et résistent à l'idéologie communiste. D'autres régions comme la Biélorussie, le Caucase, le Kazakhstan ou la Sibérie connaissent le même sort, provoquant au total la mort de 7 millions de personnes.

Dans les foyers aussi les repas sont modestes. Pourtant, le livre de cuisine soviétique de référence dépeint une URSS d'abondance : *le Livre de la cuisine saine et bonne* devient un symbole de ce nouveau mode de vie « meilleur et plus joyeux » promis par Staline après la suppression des cartes de rationnement. Objet idéologique autant que culinaire, ce livre culte, tiré à 100 000 exemplaires en 1939, recense des centaines de recettes illustrées, établies par les autorités comme un acte de propagande comestible. Ses photographies (colorisées dans la réédition canonique de 1952) allient le foisonnement des provisions et la simplicité de la mise en scène dans une sorte de kitsch bolchevique fascinant. Combinant mets populaires et mets de choix, ses 450 pages composent une utopie alimentaire soviétique en même temps qu'un manuel pratique de la ménagère, car malgré des aspirations égalitaires, ce sont toujours les femmes qui sont assignées à la cuisine. Paradoxalement, l'apparatchik raffiné Anastase Mikoïan, à l'initiative de l'ouvrage, y affiche un goût marqué pour la gastronomie bourgeoise : champagne dans un seau en argent, cochon rôti entier, bécasses forestières, poires au xérès, esturgeon en gelée, canapés aux anchois, lapin en sauce blanche ou huîtres y figurent. On imagine mal les ouvriers s'offrir de telles délicatesses, mais ils sont sans doute le signe d'une aspiration collective : celle de l'acquisition par le prolétariat triomphant des codes alimentaires de la bourgeoisie vaincue, au moins sur le papier. L'ouvrage compile aussi des recettes plus basiques comme les nouilles au poulet, le poulet au riz, les croquettes de hachis de bœuf, les *goloubsy* (choux farcis à la russe), la salade *vinegret* à base de betteraves, carottes, patates et concombres, le tout assaisonné à l'huile de tournesol, les *vareniki* (raviolis russes), le *kissel* (un dessert à la crème et coulis de fruits)... Certains produits se suffisent à eux-mêmes comme cette bouteille de pur jus de tomate arborant fièrement sur son étiquette « Ministère de l'Industrie alimentaire, direction des conserves »; ou ces boîtes débordant de caviar rouge et noir, présentées sur d'élémentaires tartines. Ailleurs, c'est une pyramide de douze boîtes de conserve de haricots au lard qui figure l'abondance dans cette esthétique qui paraît aujourd'hui si délicieusement *vintage*; et dans la section consacrée aux produits laitiers, on reste coi devant un amoncellement de bouteilles de lait, de fromages, de crème et d'œufs qui pourtant manquent cruellement aux ouvriers des cantines... Les étiquettes, bien lisibles, sont comme les glorieux étendards de l'industrie agroalimentaire soviétique; elles sont aussi porteuses d'un effet de réel, la preuve que les produits correspondent bien à ceux que l'on retrouve dans les magasins et que le régime ne ment pas sur la marchandise... Même si l'écart entre l'utopie et la réalité d'un pays de cocagne soviétique reste insurmontable pour la plupart des citoyens.

En 1988, les mesures d'ouverture prises par Mikhaïl Gorbatchev, dernier dirigeant soviétique, permettent l'apparition dans les rues de Moscou de *food trucks* siglés Astro Pizza. La première chaîne soviético-étatsunienne fait fureur auprès des branchés qui forment de longues queues devant ses camions malgré ses prix élevés. L'expérience ne dure que six mois, mais cela suffit pour que la pizza devienne l'emblème de la perestroïka. En 1990, Pizza Hut ouvre deux adresses dans la capitale russe et lance la pizza « Moscou » au saumon : le président Gorbatchev ira même jusqu'à jouer dans une pub pour la firme américaine en 1997 ! En parallèle, le hamburger déferle sur la Russie et, au fil des ans, McDonald's ouvre 850 restaurants partout dans le pays... Comme si la guerre froide pouvait se réchauffer au micro-ondes.

MANGER AVEC FIDEL CASTRO À CUBA

LA CASTRONOMIE

(1959-2016)

En janvier 1959, une armée de révolutionnaires barbus et romantiques entre triomphalement dans La Havane. Un immense espoir naît alors sur la petite île des Caraïbes qui rêve d'une société utopique parfaitement égalitaire au point de devenir un point chaud de la guerre froide. Mais à partir de son rapprochement avec l'URSS puis de l'embargo imposé par les États-Unis sur l'île depuis 1962, la question alimentaire est une affaire hautement politique à Cuba. Dirigeant son pays d'une main de fer pendant ses 49 ans au pouvoir, le commandant Fidel Castro se mêle de tout… y compris de cuisine.

Ce jour de janvier 1998, lors de la visite historique du pape Jean-Paul II sur la place de la Révolution, la faim des Cubains se lit sur les pancartes : « Seigneur, faites que les steaks et les poissons se multiplient et remplacent cette "masse viandeuse" qu'on nous donne avec notre carte de rationnement. » En cette toute fin de XXe siècle, le glorieux peuple révolutionnaire pense surtout à se mettre quelque chose sous la dent. L'une des plaisanteries les plus célèbres de l'époque est la suivante :
« Quelle est la différence entre une noix de coco et un réfrigérateur cubain ?
– Aucune, les deux ne contiennent que de l'eau. »
Dans ces années-là, l'humour est le seul condiment qu'il reste aux Cubains pour donner un peu de saveur à leur quotidien. Avec l'effondrement de l'Union soviétique entre 1989 et 1991, Cuba perd son principal créancier. Commence alors une période de disette terrible et prolongée que le gouvernement nommera, d'un euphémisme éloquent, *período especial en tiempos de paz* (« période spéciale en temps de paix »). Faute de biens de consommation importés d'URSS, les rationnements se font très sévères et les pénuries interminables. À cette époque, la faim est plus dure à tuer pour un Cubain que Fidel Castro pour un agent de la CIA.

Le commandant est passionné de cuisine. D'après ses anciens chefs privés, il aime les pâtes, le mérou grillé, le riz frit à la cubaine, la tortilla de pommes de terre espagnole et la soupe de légumes. Il apprécie beaucoup les produits français : d'ailleurs, quand son vieil ami Georges Marchais, dirigeant historique du Parti communiste français, le reçoit pour un dîner chez lui dans la banlieue de Paris un soir de mars 1995, Liliane Marchais leur prépare du foie gras et une omelette aux truffes arrosés de vins de Bordeaux et de Bourgogne.

Féru d'agronomie, le commandant est obsédé par la question alimentaire. Pendant ses longues nuits d'insomnie, il ourdit des plans de production agricole expérimentaux collectivistes et farfelus : aberrantes plantations de riz ou de café dans la région marécageuse de La Havane ; distillerie de whisky cubain vendu une fortune aux touristes ; foie gras de canards locaux qu'il fournissait aux leaders sandinistes pour les grandes célébrations de la révolution amie du Nicaragua…

Castro adore parler cuisine. Au cours d'un entretien avec son ami prêtre dominicain brésilien Frei Betto, le commandant donne des conseils pour préparer crevettes et langoustes, qui abondent à Cuba : « Il vaut mieux ne pas les faire trop cuire ; l'eau bouillante en réduit le goût, la saveur, et durcit légèrement la chair. Je préfère les faire griller au four ou en brochettes. Cinq minutes suffisent pour des brochettes de crevettes ; la langouste au four onze minutes, et six minutes en brochette sur la braise. Seuls condiments : beurre, ail et citron. » Et de conclure, péremptoire et tiers-mondiste : « La bonne nourriture est toujours simple. Les cuisiniers internationaux gaspillent trop. »

Mais la toquade du Líder Maximo, ce sont les produits laitiers. Il est amateur de milk-shakes et a l'habitude d'en prendre un (au chocolat) régulièrement au bar de l'hôtel Habana Libre. De nombreux clichés le montrent aussi en train de lécher une glace comme tout bon Cubain. En marxiste convaincu, le commandant mène une lutte des glaces en défiant le grand industriel de l'ice-cream états-unien Howard Johnson : en 1966, Fidel Castro inaugure Coppelia, « cathédrale de la glace », véritable institution havanaise cise dans un édifice ultramoderne, sorte de vaisseau spatial immense déployé sur deux étages. Les turbines et les machines sont achetées en Europe et Coppelia devient une machine à boules qui sert 35 000 clients par jour et propose 26 parfums, « davantage que Howard Johnson » précise Castro, satisfait. Au menu, coco, caramel, ananas, goyave ou sept sortes de chocolats différents ; un arsenal stratégique pour cette guerre glacée au temps de la guerre froide.

Sauf que pour fabriquer des glaces, il faut produire du lait. Castro en fait un produit idéologique car il mise sur ce super-aliment pour fortifier le corps et raffermir l'esprit socialiste de ses compatriotes. À tel point qu'il décerne à une vache les honneurs dus à une révolutionnaire modèle : il s'agit de la fameuse Ubre Blanca (« mamelle blanche » en espagnol). Née d'un croisement génétique entre un zébu et une holstein, elle est une sorte de Stakhanov bovin connue pour sa production laitière extraordinaire. Elle parvient à donner 110 litres de lait en une seule journée en janvier 1982, soit quatre fois plus que la production moyenne d'une vache lambda – sa prouesse est inscrite un temps dans le *Livre Guinness des records*. Avec ce lait, Castro s'essaie même à la production d'un camembert fait à Cuba – qui n'aura pas le succès escompté, que les Normands se rassurent.

Symbole prétendu de la supériorité productive du communisme, Castro fait de Ubre Blanca une vedette, s'affiche avec sa vache à lait dans la presse et se prend d'affection pour l'animal. Il tente de répliquer le modèle, en vain, en développant sur l'île un fourrage à bovins optimal suivant les théories agronomiques du Français André Voisin. Mais sous les tropiques, le pâturage est limité et les vaches maigrelettes sont davantage élevées pour leur viande. La mort par euthanasie d'Ubre Blanca en 1985 donnera lieu à un éloge funèbre dans les médias cubains; son cadavre a été empaillé et conservé.

Castro s'attaque aussi à la boisson impérialiste par excellence : le Coca-Cola. Le grand écrivain colombien Gabriel García Márquez, ami intime du leader cubain, rapporte une anecdote rafraîchissante : au début des années 1960, alors qu'il est ministre de l'Industrie de Cuba, le révolutionnaire argentin Ernesto Guevara, dit « el Che », pilote la création d'un soda national afin de remplacer la boisson gazeuse la plus célèbre au monde, soudain introuvable sur l'île à cause de l'embargo. Les chimistes se démènent pour en décoder la recette secrète, mais lorsque le Che goûte pour la première fois cet ersatz de Coca, son avis est clair : « Il a un goût de merde. » Plus tard à la télévision, il sera plus nuancé et dira qu'il a un goût de cafard… Le Tukola, stabilisé et très buvable, est encore aujourd'hui le soda socialiste de l'île.

Pendant le *período especial*, il est très difficile de remplir son cabas à Cuba. Pour tenter d'égayer l'ordinaire de ses compatriotes, Castro fait appel à une animatrice de télévision de l'époque du dictateur Batista, Nitza Villapol, afin qu'elle présente des recettes de cuisine à base des rares produits disponibles sur la carte de rationnement : pommes de terre au four; purée de pommes de terre à l'oignon ou à l'ail avec de la graisse de porc et du jus d'orange; dessert de pommes de terre avec du sucre et des pelures d'orange… Une cuisine ménagère de pénurie, triste et répétitive, qui n'empêche pas la Maïté cubaine de rester dans la mémoire de ses compatriotes.

L'échec de cette politique alimentaire socialiste promettant à la fois l'autosuffisance et la démocratisation des petits plaisirs ne doit pas masquer certaines réussites agricoles. Car Cuba a aussi connu une révolution… verte. Nécessité faisant loi, une profonde conversion vers l'agriculture biologique a été menée dans ce pays privé de pesticides et d'engrais chimiques par l'embargo.

La CIA aura tout essayé pour assassiner Fidel Castro : la combinaison de plongée mortelle, les cigares au cyanure, l'embauche de son ex-compagne pour lui tirer dessus… et même le milk-shake empoisonné. Connaissant le péché mignon du Líder Maximo, en 1961, l'agence de renseignement états-unienne, avec la complicité de la mafia de Chicago, réussit à faire entrer une pilule de toxine botulique dans les cuisines de l'hôtel Habana Libre où Castro sirote souvent sa boisson préférée. Mais l'agent chargé de cette mission commet l'erreur de conserver la gélule au congélateur : celle-ci se fend sous l'effet du froid, le poison se perd et Castro peut continuer à tromper la mort en mangeant des glaces jusqu'à son décès naturel en 2016.

MANGER À WOODSTOCK AVEC LES HIPPIES

PSYCHÉDÉLICES

(15-17 août 1969)

Été 1969. Tandis que l'armée des États-Unis s'enlise au Vietnam, le mouvement hippie est à son apogée et organise, dans un hameau à 100 miles de New York, le plus grand festival de musique de tous les temps : Woodstock. Tout aurait pourtant pu tourner au fiasco : l'événement doit changer d'emplacement, il dure plus longtemps que prévu, la météo est calamiteuse et les 50 000 spectateurs attendus sont finalement 500 000, soit autant de bouches à nourrir… car les hippies eux-mêmes ne vivaient pas que d'amour, de LSD et d'eau fraîche…

« Trois jours de paix et de musique. Des centaines d'hectares à parcourir. Promène-toi pendant trois jours sans voir un gratte-ciel ou un feu rouge. Fais voler un cerf-volant. Fais-toi bronzer. Cuisine toi-même tes repas et respire de l'air pur. » Cette réclame publiée dans les journaux pour promouvoir le festival de Woodstock condense les idéaux de la contre-culture américaine des années 1960 : refus des valeurs bourgeoises au profit de la vie en communauté, retour à la nature et rejet de la société de consommation. Enfin, pas de la consommation d'acides tout de même, qui sont le moyen de mener la révolution psychédélique. Des états modifiés de conscience censés inviter à la libération par la contemplation et la contestation; inutile de dire qu'en 1969, les buvards de LSD sont sur toutes les langues.

Le 15 août, rapidement débordés par la foule, les créateurs du festival, Michael Lang, Artie Kornfeld, John Roberts et Joel Rosenman décident de faire tomber les barrières de l'enceinte et de rendre finalement le festival gratuit pour tous. Une gigantesque marée humaine se déverse alors sur ce champ du hameau de Bethel, multipliant par dix la jauge prévue. Pour les organisateurs, la question de la restauration des festivaliers était déjà devenue un problème le jour où les grandes centrales d'alimentation, habituées à gérer la restauration de stades entiers, leur avaient fait faux bond peu de temps avant le festival, le projet leur paraissant trop incertain, chaotique et trop risqué.

Un temps, le groupe de coffee-shops Chock full o'Nuts puis le légendaire marchand de hot dogs de Coney Island, Nathan's, sont pressentis pour sustenter les hippies affamés, mais des désaccords avec la direction font capoter le deal. À la dernière minute, le festival doit même changer de localisation : il devait se tenir dans le village de Woodstock, d'où son nom, mais fut déplacé en urgence dans un village du comté de Sullivan, sur les terres du fermier Max Yasgur, à 75 kilomètres plus au sud-ouest.

Pris de court, les organisateurs font appel à un trio à cheveux longs totalement inexpérimenté se faisant appeler « Food for Love » pour s'occuper de la bouffe, non sans heurts avec la direction et dans un joyeux désordre de stands pas finis, de matériel insuffisant et de bagarres à tout-va.

Au menu ? Des hot dogs, nourriture consensuelle, facile à envoyer et encore plus facile à digérer pour des organismes souvent entamés par les acides… Les cuisiniers de l'amour sont rapidement dépassés par l'événement. Pour dissuader les clients et limiter ainsi

les files d'attente interminables, ils ont l'idée peu charitable d'augmenter considérablement les prix, faisant passer le hot dog de 25 cents à 1 dollar, au point que des festivaliers mécontents de cette inflation brutale brûlent des stands de chiens chauds.

Plus rien à manger dès le premier jour, aucun commerce ouvert le week-end du festival dans ce patelin paumé… C'est alors qu'un clown vole à la rescousse des estomacs égarés dans les limbes psychédéliques : Hugh Nanton Romney, plus connu sous le nom de Wavy Gravy, activiste de la contre-culture à nez rouge et fondateur de la mythique communauté néo-ruraliste The Hog Farm. Lui et les membres de la ferme sont engagés pour assurer la sécurité sans violence et l'animation sur le festival (notamment pour prendre soin des festivaliers en *bad trip*). Le dimanche matin, suite à l'incendie des stands à hot dogs, Wavy Gravy fait une annonce retentissante depuis la scène : « Bonjour à tous. Notre idée ce matin est de servir un petit déjeuner au lit pour quatre cent mille personnes ! »

Cette tambouille improvisée est le fait de Lisa Law, membre du Hog Farm en charge des stocks de nourriture pour les *free kitchens*, gratuites et en libre-service. Face à la pénurie, Lisa décide de rouler jusqu'à New York et de faire des emplettes gargantuesques : elle achète 160 000 assiettes en plastique, 1 500 livres de boulgour, la même quantité de flocons d'avoine, 225 livres de fruits rouges, d'amandes, d'abricots séchés et une rivière de miel, à mélanger au lait et au yaourt fournis par Max Yasgur, le fermier collaboratif propriétaire du champ. Ce brouet salvateur servi dans des gobelets en carton est apporté sur les couvertures et sous les tentes des affamés affalés… C'est ainsi qu'est né le muesli comme symbole du *hippie way of life* !

En souvenir de ce *breakfast* providentiel, Ben Cohen et Jerry Greenfield, les futurs fondateurs de la marque de glaces baba cool Ben & Jerry's créèrent un parfum en hommage au clown de Woodstock : noix de cajou, noisettes, amandes et chocolat !

Environ 150 000 rations sont finalement distribuées ce matin-là. Pour les autres, la débrouille est de mise, chacun se préparant sa gamelle avec les moyens du bord. Un ancien participant rapporte qu'il se souvient d'avoir mangé des spaghettis en boîte condimentés de raisins secs et d'avoine du Hog Farm… Bon nombre d'habitants du comté de Sullivan furent très hospitaliers avec ces jeunes extravagants, offrant ainsi quelque 10 000 sandwichs, fruits, bouteilles d'eau et denrées en conserve pour que ce week-end-là, le *flower power* ne flétrisse pas, autant de denrées larguées par hélicoptère militaire tant la circulation était dense sur les routes alentour.

Le festival a été élevé au rang de mythe depuis, et sa programmation laisse pantois encore aujourd'hui : The Who, Janis Joplin, Jefferson Airplane ou Jimi Hendrix… Mais ces quelques jours de festival ne furent pas une partie de plaisir. Les souvenirs de Mark Hosenball, alors jeune journaliste, sont encore « apocalyptiques » cinquante ans après : « Ce fut sinon un cauchemar, du moins un immense bordel, grouillant, sordide. Si vous aimez les embouteillages sans fin, les torrents de pluie, les chiottes portables qui puent, la nourriture à peine mangeable et les foules vautrées, en perdition, alors vous vous seriez bien amusé à Woodstock. » Les organisateurs ajoutent que « personne ne se souvient de la bouffe à Woodstock, sauf pour deux raisons : on n'avait plus rien à manger très rapidement et tout le monde a partagé ce qu'il avait. La philosophie d'entraide et de générosité de Woodstock correspondait au mode de vie des gens qui s'y trouvaient. Tout comme la pluie, la boue, la drogue et la musique, la nourriture faisait partie de l'expérience ». Faites la bouffe, pas la guerre : un slogan toujours d'actualité.

MANGER DANS L'ESPACE AVEC LES ASTRONAUTES

LES ÉTOILÉS

(1961-2023)

Dès que les êtres humains sont allés dans l'espace, la question de leur alimentation en apesanteur s'est tout de suite posée. Des rations sans âme des premiers vols spatiaux aux repas de fête gastronomiques de l'ISS, la nourriture sur orbite a bien évolué – jusqu'à permettre aux astronautes de manger étoilé dans les étoiles.

Le déjeuner de Youri Gagarine dans l'espace en 1961 est composé de purée de viande et de crème au chocolat conditionnés dans trois tubes de dentifrice. Ce premier vol spatial ne dure que 108 minutes et ne laisse pas le temps au cosmonaute soviétique de casser la croûte à bord de Vostok 1. L'année suivante, le premier menu avalé en dehors de la Terre par un humain n'est pas plus ragoûtant : l'États-unien John Glenn ingurgite des tubes de bœuf aux légumes, de compote de pomme ainsi que des cubes de sucre dilués dans de l'eau. Se nourrir en apesanteur est d'ailleurs l'une des missions de l'astronaute car à l'époque, l'expérience des vols spatiaux en est à ses balbutiements, et l'on craint que la déglutition et la digestion ne soient difficiles là-haut. Glenn ne signale aucun problème de transit et confirme que la mobilité naturelle du tube digestif fonctionne aussi sur orbite. Ces toutes premières rations spatiales ont une finalité strictement fonctionnelle : apporter les calories nécessaires à l'équipage au moyen de denrées aseptiques dans des contenants peu volumineux qui peuvent être consommées en flottaison dans un engin exigu. Il est davantage question de se nourrir que de manger, et le plaisir du repas, sa fonction sociale et ses bienfaits psychologiques ne sont pas pris en compte. Les premières réclamations adressées à la NASA concernant la nourriture à bord sont émises par les membres de la mission Mercury (1959-1963). L'équipage n'aime pas ce qu'on lui prépare, se plaint des aliments compressés en cubes de la taille d'une bouchée à réhydrater avec leur salive, des poudres lyophilisées déprimantes et autres aliments semi-liquides à sucer dans des tubes en aluminium. La soupe de champignons, les jus d'orange ou d'ananas, le poulet au jus de viande ou les fraises de l'agence spatiale américaine ressemblent à de la mauvaise science-fiction…

En cette période de course à l'espace, ce n'est pas un espion soviétique mais un sandwich qui ébranle le programme spatial américain. Le 23 mars 1965, le premier vol habité en duo de la mission Gemini 3 décolle de Cap Canaveral avec à son bord Gus Grissom et John Young. Ce dernier se joue des contrôles de la NASA et fait monter dans la fusée, glissé en cachette dans sa combinaison, un bon vieux sandwich au corned-beef. Le bœuf en salaison entre deux tranches de pain de seigle est l'en-cas préféré de son capitaine et ami Gus, qui a l'habitude de le déguster au restaurant Wolfie's de l'hôtel Ramada Inn de Cocoa Beach, tout près de la base de lancement de Cap Canaveral. Le petit plaisir coupable des deux astronautes est de courte (mais intense) durée. Tout aurait pu rester une plaisanterie sans conséquences car la mission est une réussite, mais la presse se fait l'écho de l'affaire du sandwich clandestin à leur retour sur Terre. Avant que les politiciens ne s'en mêlent : la commission des finances de la Chambre des représentants, qui n'a pas beaucoup d'humour quand il s'agit de l'utilisation des deniers publics, monte l'affaire en épingle, mettant en cause la NASA et cette dispendieuse mission à 30 millions de dollars qui aurait pu capoter à cause d'un casse-croûte. Les miettes de pain qui flottent dans l'appareil sont un risque non négligeable car elles pourraient obstruer les ventilations et s'immiscer dans les circuits – raison pour laquelle, encore aujourd'hui, le pain est souvent remplacé par des *fajitas* mexicaines, bien moins friables… John Young se remémore l'affaire du sandwich avec humour dans ses mémoires et note : « Notre pause sandwich n'a duré que deux minutes sur les quatre heures cinquante-deux minutes qu'a duré notre mission. Il n'y avait même pas de moutarde dans le sandwich. Ni de cornichon. À ma connaissance, aucun autre sandwich au corned-beef n'a volé dans l'espace depuis. »

À mesure que la durée des vols spatiaux s'allonge, la NASA prend conscience que le moment du repas est fondamental pour le moral des troupes : les plaisirs de bouche sont une manière de ne pas perdre le lien avec la vie terrienne. Depuis le programme Apollo (1961-1972), les rations se diversifient et les repas s'améliorent. Les tubes d'aluminium sont abandonnés au profit de poches souples thermostabilisées, les revêtements de gélatine diminuent la friabilité des cubes alimentaires et les aliments lyophilisés sont plus simples à réhydrater et plus agréables à manger, au point que Buzz Aldrin, qui marche le premier sur la Lune avec Neil Armstrong en 1969, garde un souvenir satisfait des cocktails de crevettes dégustés à 384 400 km de chez lui ! De nos jours, les astronautes sont conviés à tester les plats proposés au Johnson Space Center de Houston. Un mois avant leur mission, les quelque 1,7 kg de nourriture par astronaute (emballage compris) sont irradiés aux rayons ionisants pour mieux les conserver, ou bien déshydratés puis conditionnés sous vide. Les astronautes les réchauffent au four ou les réhydratent à l'eau froide ou chaude – qui est, en fait, récupérée dans leur propre urine… Une eau recyclée qu'il fallait aromatiser au Tang pour la rendre plus buvable dans la mission Gemini de 1965 : cette boisson en poudre au goût de fruits, créée à l'origine en 1959 pour le petit déjeuner, sans succès commercial, a la particularité de ne contenir aucun fruit… Ses ventes décollent aux États-Unis avec la fusée de la NASA qui en fournit à ses astronautes, générant une publicité énorme à ce produit chimique… Plus besoin de cela aujourd'hui : l'eau recyclée dans les stations spatiales ressemble à celle du robinet.

Quel goût peut avoir la nourriture dans l'espace ? Elle est plus fade que sur Terre d'après les témoignages des astronautes car la sécheresse de la cabine et la congestion des sinus due à l'apesanteur atténuent les sens du goût et de l'odorat d'environ 30 %. L'agence spatiale américaine a donc tendance à avoir la main lourde sur les épices dans ses rations. Avec le lancement de la Station spatiale internationale (ISS) en 1998, les agences états-unienne et russe mettent les bouchées doubles sur la qualité des denrées stellaires. Un jour normal, la NASA propose des plats de cantine comme du poulet sauce arachide, des pâtes au pesto ou de simples omelettes. Le sel et le poivre sont disponibles sous forme liquide et les astronautes ont même un casier de fruits et légumes frais à leur disposition. Les repas, parfois partagés par les membres de l'équipage, permettent aussi l'affirmation des identités et les échanges interculturels : les Japonais ont emporté dans l'espace du matcha, des ramens ou des sushis; les Indiens des *egg rolls,* du *idli sambar* ou du *dal*; les Coréens du *kimchi*; les Suédois de la viande de renne séché; les Russes du *bortsch* (parmi une offre de 300 plats)... En 2015, l'astronaute italienne Samantha Cristoforetti se fait couler un vrai expresso comme à Milan dans une machine nommée ISSpresso, conçue spécialement par Lavazza – un petit exploit étant donné l'absence de gravité. Sans parler de la France qui tient, avec Thomas Pesquet, un véritable gourmet de l'espace. Pour les jours de fête, environ une fois par mois, les résidents de l'ISS ont droit à un menu spécial de leur choix – tant qu'il ne contrevient pas aux règles de sécurité. Pendant ses missions, le spationaute français se fait régulièrement préparer des menus par de grands chefs étoilés comme Alain Ducasse ou Thierry Marx, qui lui font livrer sur orbite sot-l'y-laisse de volaille et pommes de terre fondante au thym, carottes fanes au cumin, risotto d'épeautre, bœuf aux champignons, gâteau aux amandes et aux poires, crêpes Suzette... Pour fêter le repas de Noël en 2016, Thomas Pesquet, qui a la charge de cuisiner pour tous ses collègues internationaux, sort le grand jeu : langue de bœuf façon Lucullus; poulet au vin jaune et aux morilles; pain d'épice aux pommes en dessert. Le tout étant préparé dans un espace aussi confiné et moins bien équipé qu'une cuisine de camping-car. Les Américains ont aussi fait monter du Coca-Cola et du Pepsi, mais les boissons gazeuses passent mal dans l'espace : l'absence de gravité qui, sur Terre, permet de séparer le liquide du gaz quand on boit du soda, provoque sur l'ISS une sorte de vomissement portant le doux nom de « rot humide »...

À quoi ressemblera le futur de l'alimentation spatiale? Des astronautes se sont déjà préparé une pizza grâce à une imprimante 3D, la culture de légumes dans l'espace est en phase de recherche avancée et la NASA finance un concours appelé le Deep Space Food Challenge afin de trouver les nouvelles technologies alimentaires de demain. Gastronautes, à vos recettes!

SOURCES

Pour aller plus loin

MANGER À LASCAUX AVEC CRO-MAGNON – p. 4 à 7

Delluc (Gilles) et Delluc (Brigitte), UMR 7194 du CNRS, département de préhistoire du Muséum national d'histoire naturelle, « L'alimentation au paléolithique » (hominides.com/articles/alimentation-au-paleolithique).

Giraldeau (Luc-Alain), *Dans l'œil du pigeon*, Le Pommier, 2016.

Kabukcu (Ceren), « Ce que mangeaient vraiment les hommes préhistoriques », slate.fr, 6 décembre 2022.

Mulot (Rachel), « Nos ancêtres, ces flexitariens », *Sciences et Avenir*, n° 851, janvier 2018, p. 52-55.

MANGER EN ÉGYPTE AVEC LES PHARAONS – p. 8 à 11

Agut (Damien), « Manger pour se régénérer dans la civilisation pharaonique », in Quellier (Florent), dir., *Histoire de l'alimentation : de la préhistoire à nos jours*, Belin, 2021, p. 151-153.

Agut (Damien), « Du Nil au désert, l'extraordinaire variété de la diète pharaonique », in Quellier (Florent), dir., *Histoire de l'alimentation : de la préhistoire à nos jours*, Belin, 2021, p. 123-143.

Amin (Bahira), « Five foods the ancient Egyptians used to eat », Middle East Eye, 14 juin 2022.

Arnaud (Bernadette), « "Archéologie de l'invisible" : des parfums égyptiens millénaires révélés par la technologie », sciencesetavenir.fr, 5 avril 2022.

Mehdawy (Magda) et Hussein (Amr), *The Pharaoh's Kitchen: Recipes from Ancient Egypt's Enduring Food Traditions*, The American University in Cairo Press, reissue edition, 2017.

Stassinet (Léa) et l'AFP, « Des chercheurs recréent "la bière des pharaons", avec une levure de 3 000 ans », rtl.fr, 23 mai 2019.

Tallet (Pierre), *La Cuisine des pharaons*, Sindbad/Actes Sud, coll. « L'Orient gourmand », 2003.

MANGER AVEC JÉSUS ET LES APÔTRES – p. 12 à 15

Larue (Renan), *Le Végétarisme et ses ennemis, vingt-cinq siècles de débats*, Presses Universitaires de France, 2015.

Montanari (Massimo), *La Chère et l'Esprit. Histoire de la culture alimentaire chrétienne*, traduit de l'italien par Martine et Jacques Pagan-Dalarun, Alma Éditeur, coll. « Essai Histoire », 2017.

MANGER À POMPÉI AVEC LES ROMAINS – p. 16 à 19

Allegria (Léa Simone), « Un fast-food de 2 000 ans découvert à Pompéi », *Marianne*, 6 janvier 2021 (marianne.net/culture/arts-plastiques/un-fast-food-de-2000-ans-decouvert-a-pompei).

Augier-Grimaud (Johana), « Nourriture et culture dans la *cena trimalchionis* : deux enjeux de puissance », Camenulae, n° 8, janvier 2012 (lettres.sorbonne-universite.fr/sites/default/files/media/2020-06/augierbat2-1.pdf).

Dubuisson (Michel), « Aventure et aventuriers dans le *Satiricon* de Pétrone », Université de Liège, 1994 (web.philo.ulg.ac.be/classiques/wp-content/uploads/sites/18/2016/05/satiricon.pdf).

Pigeaud (Jackie), « L'esthétisme de Trimalcion », *Littérature, Médecine et Société*, n° 12, « Le banquet », Université de Nantes, 1994, p. 2-3.

Tilloi D'Ambrosi (Dimitri), *L'Empire romain par le menu*, Arkhê, 2017.

Tilloi D'Ambrosi (Dimitri), « La diététique à la romaine », *L'Histoire*, n° 472, juin 2020, p. 64-69.

Tilloi D'Ambrosi (Dimitri), « Le cuisinier dans le monde romain : un acteur au service de l'hospitalité symposiaque », HospitAm, 2016.

Veyne (Paul), « Vie de Trimalchion » in *La Société romaine*, Le Seuil, coll. « Points Histoire », 2001, p. 13-56. Article initialement publié en 1961 dans *Annales : Économies, Sociétés, Civilisations*, n° 16, p. 213-247 (persee.fr/doc/ahess_0395-2649_1961_num_16_2_420704).

MANGER AVEC LES VIKINGS – p. 20 à 23

Boyer (Régis), *Les Vikings : histoire et civilisation*, Perrin, coll. « Tempus », 2002.

Forsyth (Mark), *A Short History of Drunkenness*, Three Rivers Press, 2018.

Guerrero Rodríguez (Jesús Fernando), « Old norse drinking culture », Centre for Medieval Studies, University of York, 2007.

Harris (Stephen J.), University Of Massachusetts-Amherst, « Ælfric's Colloquy » in Kline (Daniel T.), *Medieval Literature for Children*, Routledge, 2003.

Mark (Joshua J.), « Régime alimentaire nordique et viking », traduit par Caroline Martin, worldhistory.com, 15 janvier 2019.

MANGER AVEC LES MOINES BÉNÉDICTINS – p. 24 à 27

Arbois de Jubainville (Henri d'), *De la nourriture des Cisterciens, principalement à Clairvaux*, au XIIe et au XIIIe siècle, Bibliothèque de l'École des chartes, 1858, tome XIX, p. 271-282.

Caby (Cécile), « Abstinence, jeûnes et pitances dans le monachisme médiéval », *Pratiques et discours alimentaires en Méditerranée de l'Antiquité à la Renaissance*, actes du 18e colloque de la Villa Kérylos à Beaulieu-sur-Mer les 4, 5 et 6 octobre 2007, Académie des Inscriptions et Belles-Lettres, 2008. p. 271-292.

Cochelin (Isabelle), « Deux cuisines pour les moines : *coquinae* dans les coutumiers du XIe siècle », *Enfermements*, vol. II, *Règles et dérèglements en milieu clos (IVe-XIXe siècle)*, Éditions de la Sorbonne, 2015.

Jotischky (Andrew), *A Hermit's Cookbook : Monks, Food and Fasting in the Middle Ages*, Continuum Publishing Corporation, 2011.

MANGER DANS LE DÉSERT AVEC LES TOUAREGS – p. 28 à 31

Agut-Labordère (Damien) et Redon (Bérangère) (dir.), Les vaisseaux du désert et des steppes, Les camélidés dans l'Antiquité (Camelus dromedarius et Camelus bactrianus), MOM Éditions, 2020.

Alexandre (Pierre), « Candide en Afrique ou le voyage d'Ibn Batouta », *L'Histoire*, n° 62, décembre 1983 (lhistoire.fr/candide-en-afrique-ou-le-voyage-dibn-batouta).

Amrani (Khaled), « Les oasis sahariennes, rempart menacé contre la désertification », The Conversation, 29 septembre 2020.
Bernus (Edmond), « Famines et sécheresses chez les Touaregs sahéliens. Les nourritures de substitution », *Présence africaine*, n° 113, 1980.
Boulay (Sébastien), « Alimentation, diététique et relations sociales au Sahara : l'exemple des pasteurs nomades maures de Mauritanie », OCHA, 2018 (lemangeur-ocha.com/wp-content/uploads/2012/04/S-Boulay-alimentation-sahara.pdf).
Brachet (Julien), « Le négoce caravanier au Sahara central : histoire, évolution des pratiques et enjeux chez les Touaregs Kel Aïr (Niger) », *Les Cahiers d'outre-mer*, no 226-227, avril-septembre 2004, p. 117-136.
Chastanet (Monique), « La cuisine de Tombouctou (Mali), entre Afrique subsaharienne et Maghreb », *Horizons Maghrébins - Le droit à la mémoire*, n° 59, « Manger au Maghreb », 2008.
Dupuy (Christian), « Des céréales et du lait au Sahara et au Sahel, de l'épipaléolithique à l'âge des métaux », *Afriques*, « Manger et boire en Afrique avant le XXe siècle », 2014 (journals.openedition.org/afriques/1376).
Haïdara (Niaber), *La Gastronomie à la tombouctienne*, Comité de jumelage Saintes-Tombouctou, 2006.
Museur (Michel), « Un exemple spécifique d'économie caravanière : l'échange sel-mil », *Journal des africanistes*, n° 47, 1977, p. 49-80.

MANGER À ISTANBUL AVEC LES OTTOMANS – p. 32 à 35

Bilgin (Arif), « Ottoman palace cuisine of the classical period », Muslim Heritage, 9 avril 2009 (muslimheritage.com/ottoman-palace-cuisine-of-the-classical-period).
Bilgin (Arif) et Samanci (Özge), « Turkish cuisine: A book review », Muslim Heritage, 13 février 2009 (muslimheritage.com/turkish-cuisine-book-review).
Lewis (Bernard), *Istanbul et la civilisation ottomane*, Presses Pocket, 1991.
Mahjoub (Rami), « De Constantinople à Istanbul : la représentation nuancée des Ottomans par des voyageurs européens aux XVe et XVIe siècles », thèse de doctorat, Université Côte d'Azur, 2017.
Samanci (Özge), « Continuity and change in the culinary culture of the ottoman palace in the nineteenth century », master thesis, Bogaziçi University, 1998.
Samanci (Özge), *La Cuisine d'Istanbul au XIXe siècle*, Presses Universitaires de Rennes- Presses Universitaires François-Rabelais, 2015.
Saraçgil (Ayse), « L'introduction du café à Istanbul (XVIe-XVIIe siècles) » in *Cafés d'Orient revisités*, CNRS Éditions, 1997.
Sauner-Leroy (Marie-Hélène), « La cuisine ottomane, ou la transmission d'un art de vivre », *La Pensée de Midi*, n° 3, 2000, Actes Sud, p. 45-51.
Yerasimos (Stéphane), « Les Ottomans à table », *La Pensée de Midi*, n° 13, 2004, Actes Sud, p. 39-43.

MANGER AVEC LES AZTÈQUES À L'ARRIVÉE DES CONQUISTADORS – p. 36 à 39

Bueno Bravo (Isabel), « Tlatelolco: la gemela en la sombra », *Revista Española de Antropología Americana*, vol. 35, 2005, p. 133-148.
Cortés (Hernán), *Cartas y relaciones de Hernán Cortés al emperador Carlos V*, Imprenta Central de los Ferro-Carriles, 1866.
Dávila Montoya (Alejandra), « El mercado de Tlatelolco y los productos que en él se ofrecían », Noticonquista (noticonquista.unam.mx/amoxtli/1890/1887).
Díaz del Castillo (Bernal), *Historia verdadera de la conquista de la Nueva España*, Círculo de Lectores, 1971.
Fernández Rubio (Beatriz), « Antiguos tianquiztli, nuevos tianguis : cambios en los mercados y el comercio en la ciudad de méxico en el siglo XVI », tesis doctoral, Universidad Complutense de Madrid, 2014.
Godínez (José Luis) et Ortega (Martha M.), « Traditional knowledge of Mexican continental algae », *Journal of Ethnobiology*, vol. 21, 2001, p. 57-88.
Neruda (Pablo), *Confieso que he vivido (J'avoue que j'ai vécu)*, Seix Barral, 1974.
Sahagún (Fray Bernardino de), *Historia general de las cosas de la Nueva España*, Porrúa, 1999.
Sanchís Amat (Víctor Manuel), « La primera laus urbs occidental en América: la descripción de la ciudad de México-Tenochtitlan de Hernán Cortés », *Revista Historia Autónoma*, n° 5, 2014, p. 43-50.

MANGER AVEC DON QUICHOTTE AU SIÈCLE D'OR – p. 40 à 43

Chamorro (María Inés), *La cocina de Don Quijote: gastronomía del Siglo de Oro español*, Herder, 2005.
Ferrières (Madeleine), *Nourritures canailles*, Seuil, 2007.
Gargantilla Madera (P.), Martín Cabrejas (B.M.) et Martín Cabrejas (M. A.), « La dieta de Don Quijote », *Revista Clínica de Medicina de Familia*, vol. 9, n° 3, octobre 2016.
Parello (Vincent), « Du poète Antón de Montoro à l'hidalgo de la Manche Alonso Quijano », *Dix-septième siècle*, n° 285, octobre 2019, p. 171-185.

MANGER À LA COUR DE FRANCE AVEC LES MÉDICIS – p. 44 à 47

Bienassis (Loïc) et Campanini (Antonella), « La reine à la fourchette et autres histoires. Ce que la table française emprunta à l'Italie : analyse critique d'un mythe » *in* Quellier (Florent) et Brioist (Pascal), dir., *La Table de la Renaissance, le mythe italien*, Presses universitaires de Rennes-Presses universitaires François-Rabelais, coll. « Tables des hommes », 2018, p. 29-88.
Birlouez (Éric), *Festins princiers et repas paysans à la renaissance*, Éditions Ouest-France, 2014.
Meiss-Even (Marjorie), « L'Italie à la table des Guise (1526-1581) » *in* Quellier (Florent) et Brioist (Pascal), dir., *La Table de la Renaissance, le mythe italien*, Presses universitaires de Rennes-Presses universitaires François-Rabelais, coll. « Tables des hommes », 2018, p. 193-209.

MANGER AU JAPON AVEC LES SAMOURAÏ – p. 48 à 51

Ashkenazi (Michael) et Jacob (Jeanne), *Food Culture in Japan*, Greenwood Press, 2003.
Haïkus. L'Art de boire et de manger, traduit par Dominique Chipot et Makoto Kemmotu, Seuil, 2020.
Harada (Nobuo), « A peek at the meals of the people of Edo. Tracing the diet of Edo—the establishment of Japan's culinary culture » (part one and part two), kikkoman.co.jp.

Ishige (Naomichi), *The History and Culture of Japanese Food*, Kegan Paul, 2001.
Rath (Eric C.), *Food and Fantasy in Early Modern Japan*, University of California Press, 2010.
Rath (Eric C.) et Assmann (Stephanie), *Japanese Foodways, Past and Present*, University of Illinois Press, 2010.
Sekiguchi (Ryoko), *Nagori, la nostalgie de la saison qui s'en va*, P.O.L, 2018.

MANGER AVEC LES SORCIÈRES AU VIIe SIÈCLE – p. 52 à 55

Ginzburg (Carlo), *Le Sabbat des sorcières*, traduit de l'italien par Monique Aymard, Gallimard, coll. « Bibliothèque des histoires », 1992.
Jacques-Chaquin (Nicole) et Préaud (Maxime), dir., *Le Sabbat des sorciers en Europe : XVe-XVIIIe siècle*, actes du colloque tenu à l'École normale supérieure Fontenay-Saint-Cloud en novembre 1992, Jérôme Millon, 1993.
Louandre (Charles-Léopold), « Le diable. Sa vie et son intervention dans les choses humaines », *Revue des deux Mondes*, tome XXXI, 4e série, 1842, p. 568-595.
Simon (Maryse), « Cuisine de sorcières entre France et Allemagne à l'époque moderne : remèdes et usages alimentaires de guérisseuses, faim et cannibalisme au banquet diabolique », *Food & History*, vol. 6, n° 2, 2008, p. 91-124.

MANGER EN CHINE SOUS LA DYNASTIE QING – p. 56 à 59

Saso (Michael), *À la table d'un cuisinier taoïste*, Picquier Poche, 2001.
Seznec (Erwan), « Festin Mandchou-Han : la diplomatie au menu », *Science et Vie Junior*, 18 août 2022 (science-et-vie-junior.fr/article-magazine/festin-mandchou-han-diplomatie-menu-73380.html)
Spence (Jonathan D.), « The Ch'ing », *Chang, Chinese Food and Culture*, p. 271–274.
Spence (Jonathan D.), *Chinese Roundabout: Essays in History and Culture*. W. W. Norton & Company, 1993.
Wilkinson (Endymion), *Chinese History: A Manual*, Harvard University Press, 2000.

MANGER AVEC LES ENCYCLOPÉDISTES AU SIÈCLE DES LUMIÈRES – p. 60 à 63

Bonnet (Jean-Claude), *La Gourmandise et la faim. Histoire et symbolique de l'aliment (1730-1830)*, Le Livre de Poche, 2015.
Bonnet (Jean-Claude), « Le réseau culinaire dans l'*Encyclopédie* », *Annales : Économies, Sociétés, Civilisations*, 1976 (persee.fr/doc/ahess_0395-2649_1976_num_31_5_293758).
Buffat (Marc), « Diderot par lui-même dans les "Lettres à Sophie Volland" », *Recherches sur Diderot et sur l'Encyclopédie*, n° 15, octobre 1993, p. 9-30 (persee.fr/doc/rde_0769-0886_1993_num_15_1_1222).
Cussac (Hélène), « Bonheur et vie matérielle d'après le *Tableau de Paris* de Louis-Sébastien Mercier », *Lumen*, vol. 19, 2000 (erudit.org/fr/revues/lumen/2000-v19-lumen0277/1012321ar/).
Mercier (Louis-Sébastien), *Le tableau de Paris*, édition de Jeffry Kaplow, La Découverte Poche, 2006.
Rouet (Marion), « Cerisiers, pêchers et ananas : des cultures de pointe dans les potagers royaux en Île-de-France dans la seconde moitié du XVIIIe siècle », *In Situ, revue des patrimoines*, n° 41, 2019 (journals.openedition.org/insitu/25466).

MANGER AUTOUR DU MONDE AVEC DARWIN – p. 64 à 67

Darwin (Charles), *Voyage d'un naturaliste autour du monde fait à bord du navire le Beagle de 1831 à 1836*, traduit de l'anglais par M. Edmond Barbier, C. Reinwald et Ce, Libraires-Éditeurs, 1875.
Ewbank (Anne), « The club dedicated to eating unconventional aquatic creatures », Atlas Obscura, 30 octobre 2017 (atlasobscura.com/articles/the-ichthyophagous-club).
Noyce (Diana), « Charles Darwin, the gourmet traveler », *Gastronomica*, vol. 12, n° 2, été 2012, University of California Press, p. 45-52 (jstor.org/stable/10.1525/gfc.2012.12.2.45).
Rack (Jessie), « Dining like Darwin: When scientists swallow their subjects », The Salt, 12 août 2015.

MANGER AVEC LES ESCLAVES DANS LE SUD DES ÉTATS-UNIS – p. 68 à 71

La vie sociale des esclaves nous est connue grâce au Federal Writers' Project qui réunit, dans les années 1930, les témoignages de 2300 anciens esclaves sous le nom de Slave Narratives (loc.gov/collections/slave-narratives-from-the-federal-writers-project-1936-to-1938/about-this-collection).
Black (William R.), « How watermelons became a racist trope », *The Atlantic*, 8 décembre 2014.
Bowers Hilliard (Sam), *Hog Meat and Hoecake : Food Supply in the Old South, 1840-1860*, University of Georgia Press, 1972 ; revised edition, 2014.
Bradford (Maria), « African crops and slave cuisine », Shwen Shwen, 28 juillet 2020 (shwenshwen.com/african-crops-and-slave-cuisine/).
Douglass (Frederick), *La vie de Frederick Douglass, esclave américain, écrite par lui-même*, traduit de l'anglais par Hélène Tronc, Gallimard, 2003.
Douglass (Frederick), *My Bondage and My Freedom*, Penguin Classics, 2003.
Genovese (Eugene D.), *Roll, Jordan, Roll: The World the Slaves Made*, 1974.
Mitchell (Patricia B.), *Plantation Row Slave Cabin Cooking: The Roots of Soul Food*, 1998.
Regelski (Christina), « The soul of food : slavery's influence on southern cuisine », U.S. History Scene (ushistoryscene.com/article/slavery-southern-cuisine/).
Snell (Rachel A.), « Carrots », 21 octobre 2020 (virginiahousewifeproject.wordpress.com/tag/slavery).
Twitty (Michael W.), *The Cooking Gene: A Journey Through African-American Culinary History in the Old South*, Amistad, 2017.

MANGER À PARIS SOUS LE SIÈGE DE 1870 ET LA COMMUNE – p. 72 à 75

Derex (Jean-Michel), *Les Zoos de Paris. Histoire de la ménagerie du Jardin des plantes, du Jardin d'acclimatation et du zoo de Vincennes*, Patrimoines et Médias, 2012.
Escourrou (Gisèle), « L'alimentation de Paris pendant le siège de 1870 et la Commune », *L'Information historique*, 1965, p. 198-204.
Godineau (Laure) et César (Marc), *La Commune de 1871, une relecture*, Créaphis, 2019.
Vitaux (Jean), *Les Petits Plats de l'Histoire*, Presses universitaires de France, 2012.

MANGER EN INDE AVEC GANDHI – p. 76 à 79

Deliège (Robert), *Le Système des castes*, Presses universitaires de France, coll. « Que sais-je ? », 1993.

Gandhi (Mohandas Karamchand), *An Autobiography: The Story of My Experiments with Truth*, Penguin Modern Classics, 2001.

Gandhi (Mohandas Karamchand), *Du végétarisme*, préface de Florence Burgat, traduit de l'anglais par Vivien Garcia, Rivages Poche, coll. « Petite Bibliothèque », 2018.

Zins (Max-Jean), « Cuisine et politique en Inde. La politique culinaire des Kayasthes, caste de scribes », *Revue française de science politique*, 48e année, n° 3-4, 1998. p. 409-436 (persee.fr/doc/rfsp_0035-2950_1998_num_48_3_395284).

MANGER AVEC LES POILUS EN 14-18 – p. 80 à 83

Dupuich (Jean-Jacques), *Abécédaire de l'alimentation du soldat en 14-18 : du singe et du pain*, Ysec, 2012.

Guéno (Jean-Pierre), *Paroles de poilus. Lettres et carnets du front 1914-1918*, Librio Document, 2023.

Llosa (Marie), « La conserve alimentaire au service du soldat : une production de guerre ? », *Matériaux pour l'histoire de notre temps*, n° 91, 2008 (cairn.info/revue-materiaux-pour-l-histoire-de-notre-temps-2008-3-page-80.htm).

Lucand (Christophe), « Le "pinard" ou le sang des poilus », *Le Monde Diplomatique*, août 2016.

Poulain (Caroline), dir., *Manger et boire entre 1914 et 1918*, Snoeck, 2016.

MANGER AVEC LES FUTURISTES DANS L'ITALIE FASCISTE – p. 84 à 87

Beaugé (Bénédict), *Plats du jour. Sur l'idée de nouveauté en cuisine*, Métailié, 2013.

Marinetti (F.T.) & Fillia, *La Cuisine futuriste*, traduit et présenté par Nathalie Heinich, Les Impressions Nouvelles, 2020.

MANGER AVEC STALINE EN URSS – p. 88 à 91

Gluschenko (Irina), « Le Livre de la bonne et saine nourriture, une synthèse idéologico-gastronomique », traduit par Rodolphe Baudin, *Revue Russe*, n° 44, « Manger russe », 2015, p. 143-152 (persee.fr/doc/russe_1161-0557_2015_num_44_1_2668).

Kaminer (Wladimir et Olga), *La Cuisine totalitaire*, Gaïa, 2012.

Moissons sanglantes - 1933, la famine en Ukraine, écrit par Guillaume Ribot et Antoine Germa, réalisé par Guillaume Ribot, Les Films du Poisson / Lobster Films / France Télévisions / Public Sénat / CNC, 2022.

Nérard (François-Xavier), « Manger dans les cantines staliniennes : "Consommateurs" soviétiques à l'époque des premiers plans quinquennaux », *Revue Russe*, n° 44, « Manger russe », 2015, p. 131-142 (persee.fr/doc/russe_1161-0557_2015_num_44_1_2667).

Pinel (Florian) et Valnoir Simoulin (Jean), *L'Archipel du goulache : aventures culinaires dans le bloc de l'Est*, Les Éditions Noir sur Blanc, 2022.

MANGER AVEC FIDEL CASTRO À CUBA – p. 92 à 95

Alfonso (Aïtor), « Histoires d'hommes illustres morts en avalant de travers », slate.fr, 13 janvier 2022 (slate.fr/story/222059/aliments-tueurs-puissants-histoire-rois-morts-nourritures).

Basset (Frédérique), « Comment les Cubains ont converti leur île à l'agriculture biologique », Basta !, 22 mai 2015 (basta.media/Comment-les-cubains-ont-converti-leur-ile-au-bio).

Jacot (Martine), « En agronomie, les révolutions ratées de Fidel Castro », lemonde.fr, 28 novembre 2016.

Mateer (Noelle), « Conocí al antiguo chef de Fidel Castro en La Habana », vice.com/es, 10 avril 2015 (https://www.vice.com/es/article/z4gw93/conoci-al-antiguo-chef-de-fidel-castro-en-la-habana).

Vázquez Montalbán (Manuel), « Les recettes de M. Fidel Castro », *Le Monde Diplomatique*, 1er décembre 1998.

Vincenot (Emmanuel), *Histoire de La Havane*, Fayard, 2016.

MANGER À WOODSTOCK AVEC LES HIPPIES – p. 96 à 99

Bramen (Lisa), « Woodstock—How to feed 400,000 hungry hippies », *Smithsonian Magazine*, 14 août 2009 (smithsonianmag.com/arts-culture/woodstockhow-to-feed-400000-hungry-hippies-65740098).

Lang (Michael), *The Road to Woodstock*, Ecco, 2010.

Roberts (John), Rosenman (Joel) et Pilpel (Robert), *Young Men With Unlimited Capital*, Bantam Books, 1989.

Spiegel (Alison), « Peace, love and Granola : The untold story of the food shortage at Woodstock », *Huffpost*, 9 mars 2015 (huffpost.com/entry/food-at-woodstock_n_6793300).

MANGER DANS L'ESPACE AVEC LES ASTRONAUTES – p. 100 à 103

Butler (Stephanie), « How space food has evolved — and improved », history.com, 30 août 2018 (history.com/news/cosmic-cuisine-the-evolution-of-space-food).

Lacasse (Marie-Ève), « Bœuf bourguignon et urine : quand la gastronomie s'invite sous les étoiles », *Libération*, 9 février 2023.

Young (John W.) et Hanser (James R.), *Forever Young: A Life of Adventure in Air and Space*, University Press of Florida, 2013.

Sites Internet : nasa.gov/content/space-food-systems, deepspacefoodchallenge.org, wikipedia.org/wiki/Nourriture_spatiale

JUL

Bandes dessinées

Lucky Luke, L'arche de Rantanplan (avec Achdé) – *Lucky Comics*
Lucky Luke, Un cow-boy dans le coton (avec Achdé) – *Lucky Comics*
Lucky Luke, un cow-boy à Paris (avec Achdé) – *Lucky Comics*
Lucky Luke, La Terre promise (avec Achdé) – *Lucky Comics*
50 Nuances de Grecs (avec Charles Pépin), (2 tomes) – *Dargaud*
La Planète des sages (avec Charles Pépin), (intégrale) – *Dargaud*
Platon la gaffe (avec Charles Pépin) – *Dargaud*
Silex and the City (9 tomes) – *Dargaud*
À bout de soufre – *Dargaud*
Spirou chez les fous (avec Libon) – *Dupuis*
Il faut tuer José Bové – *Albin Michel/Glénat*
La croisade s'amuse – *Albin Michel/Glénat*
Le Guide du moutard – *Vent des savanes/Albin Michel*
Cahier de vacances de la République – *Éditions des Équateurs*

Collectifs

Bye-bye Bush – *Dargaud*
Bébés congelés, chiens écrasés – *Albin Michel*
Mozart qu'on assassine – *Albin Michel*

Dessins de presse

Le Président de vos rêves – *Dargaud*
La Terre vue du fiel – *Dargaud*
La Grande Librairie (les 400 meilleurs dessins) – *Delcourt*
Liberté-Égalité-Fraternité (3 tomes) – collectif – *Charlie Hebdo/Les Échappés*
Da Vinci digicode – *Danger public*
Conte de fées à l'Élysée – *Vent des savanes*
Bonne fête Nicolas – collectif – *Vent des savanes*

Jeunesse

Mon père ce héron – *Rue de Sèvres*
L'Herbier impitoyable – *Charlie Hebdo/Les Échappés*
Debouts les Terriens ! – *Albin Michel Jeunesse*

Récit

50 Nuances de Grecs – *Seuil*

Audiovisuel

Silex and the City, la série animée – *Arte*
50 nuances de Grecs, la série animée – *Arte*

AÏTOR ALFONSO

Essai

Propos de table – *Nouriturfu*

PEFC-zertifiziert
Dieses Produkt stammt aus nachhaltig bewirtschafteten Wäldern und kontrollierten Quellen
PEFC
10-31-1800
www.pefc.de

Directrice de collection : Gisèle de Haan

www.dargaud.com

PREMIÈRE ÉDITON

Dépôt légal : novembre 2023 • ISBN 978-2205-21122-1
Imprimé et relié en septembre 2023 par PPO Graphic, 10, rue de la Croix-Martre, 91120 Palaiseau, France